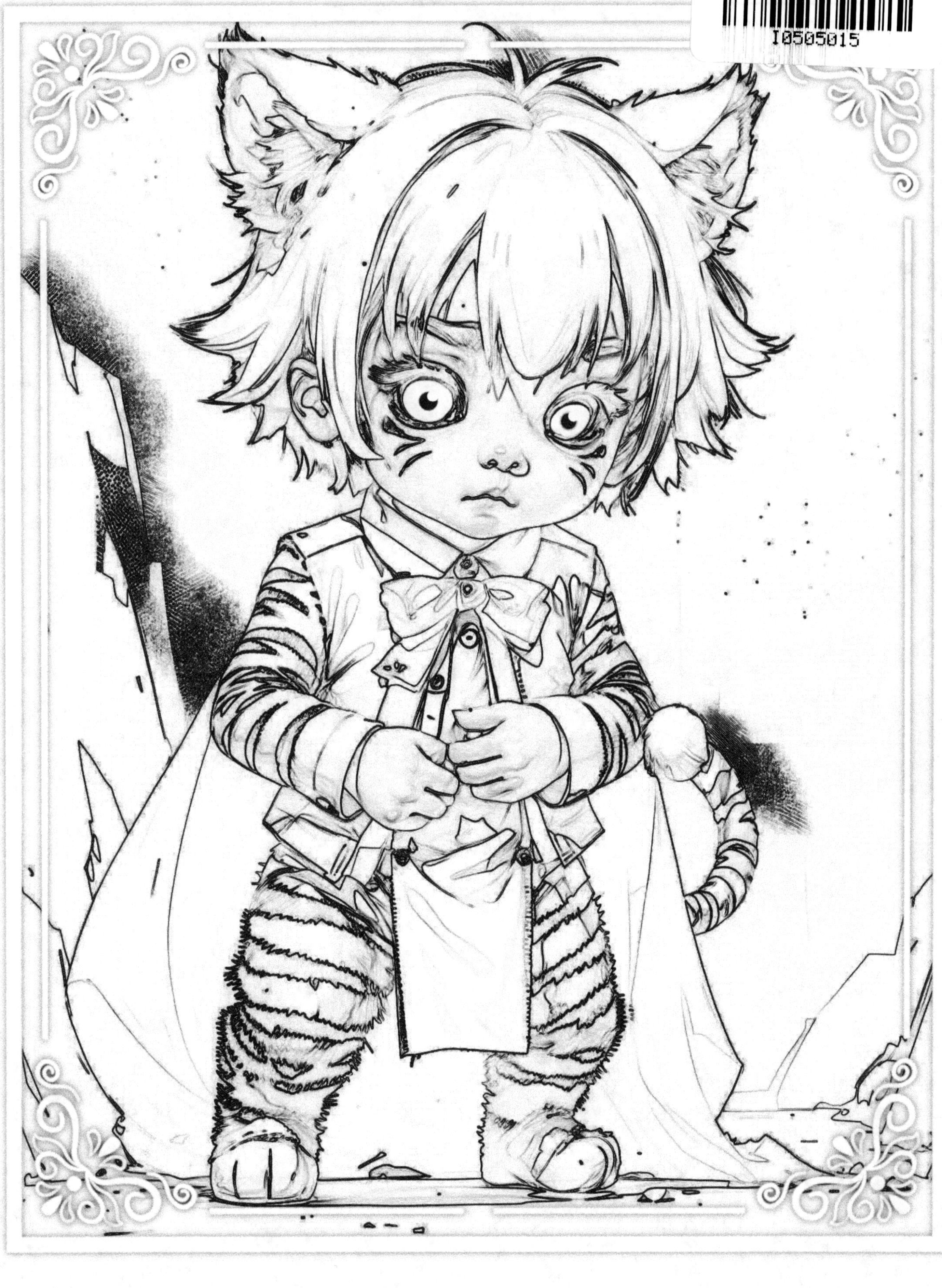

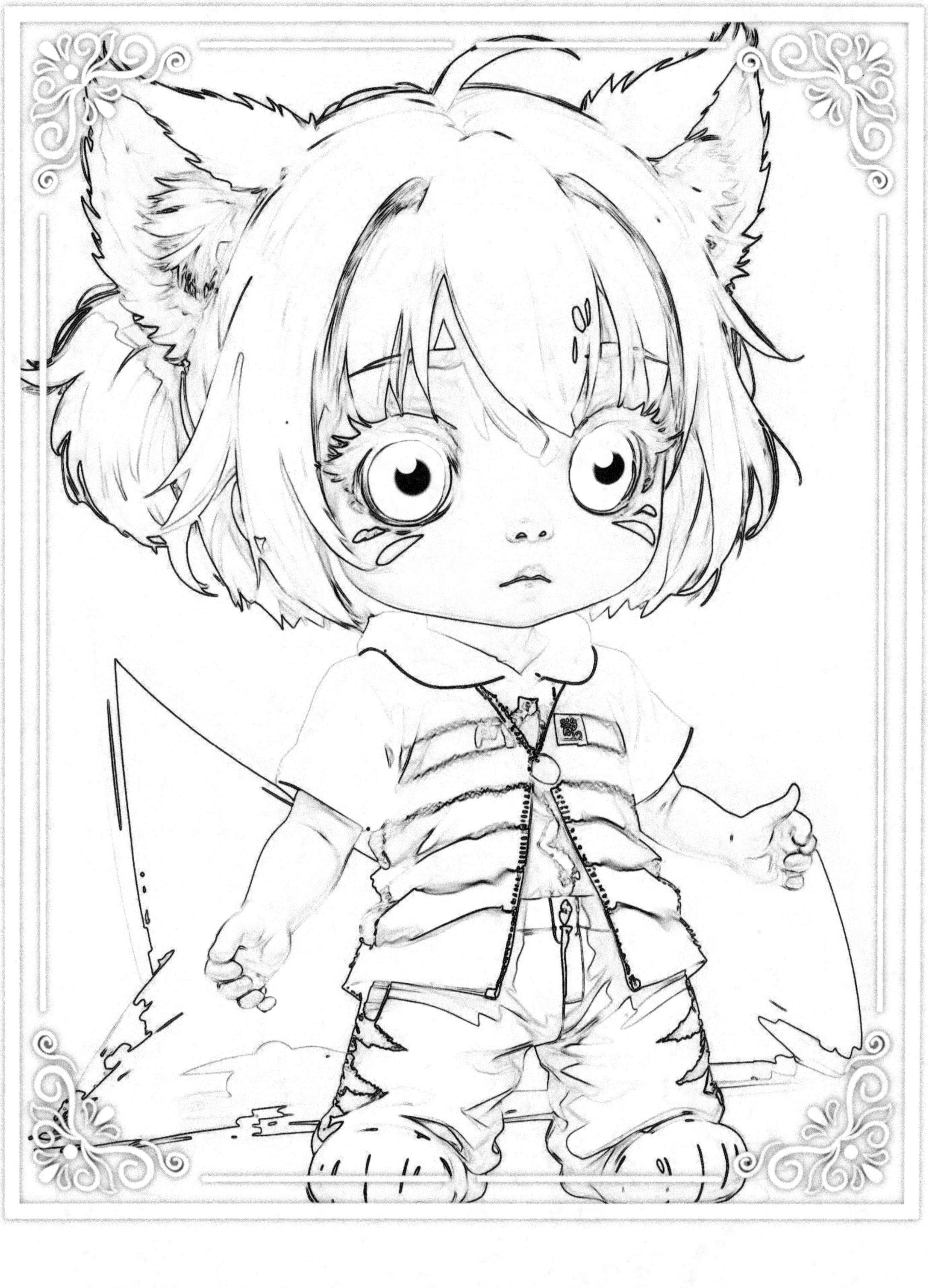

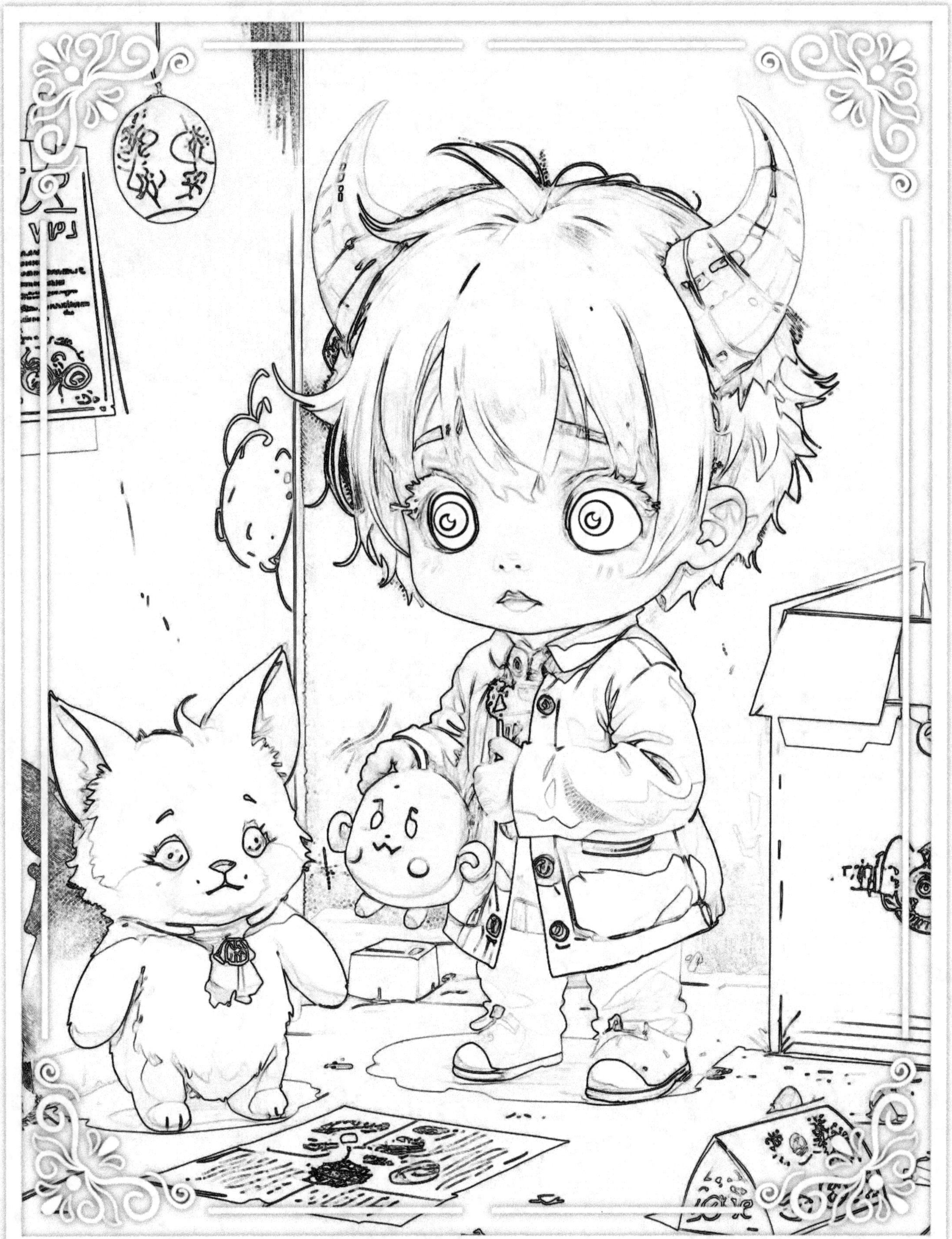

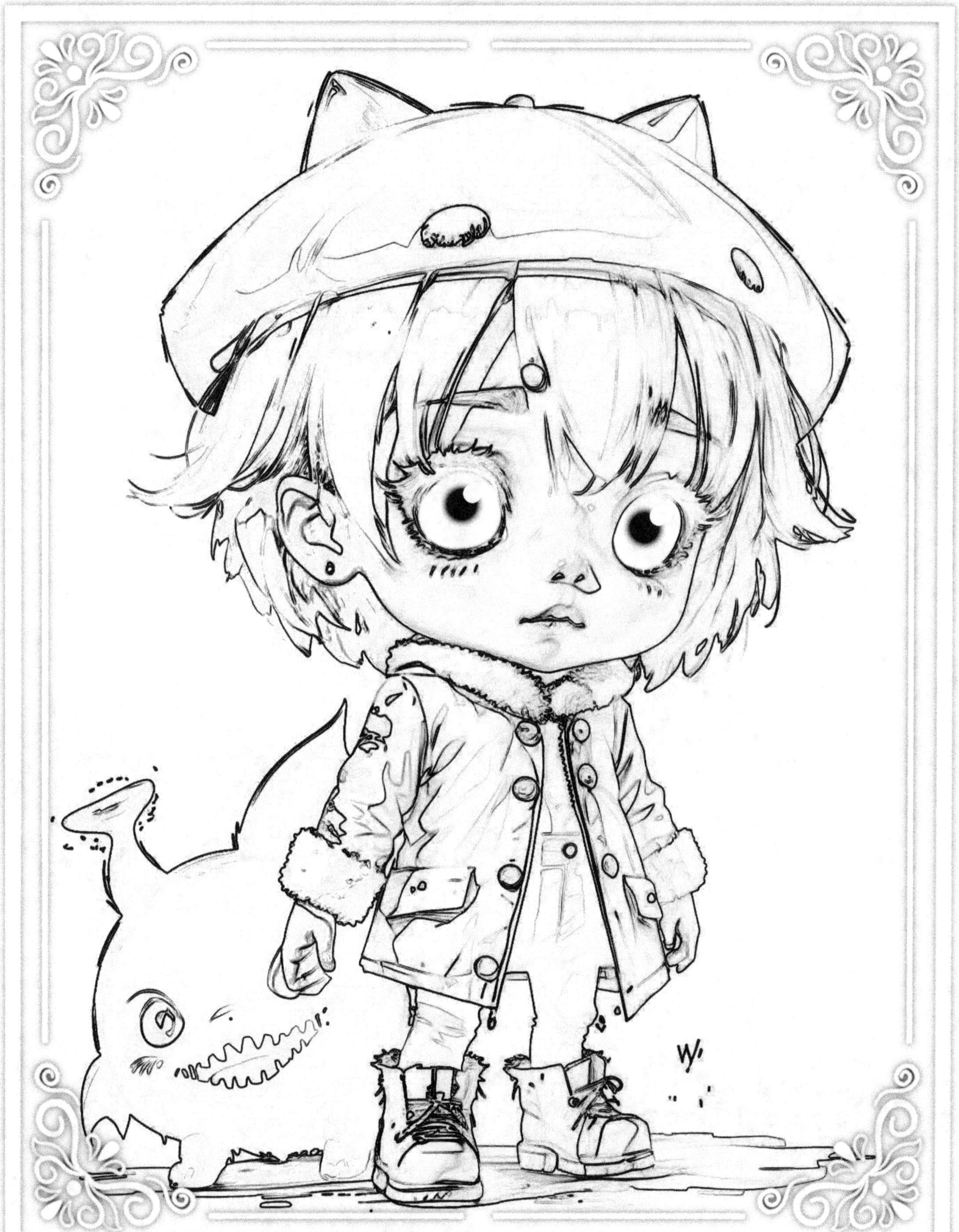

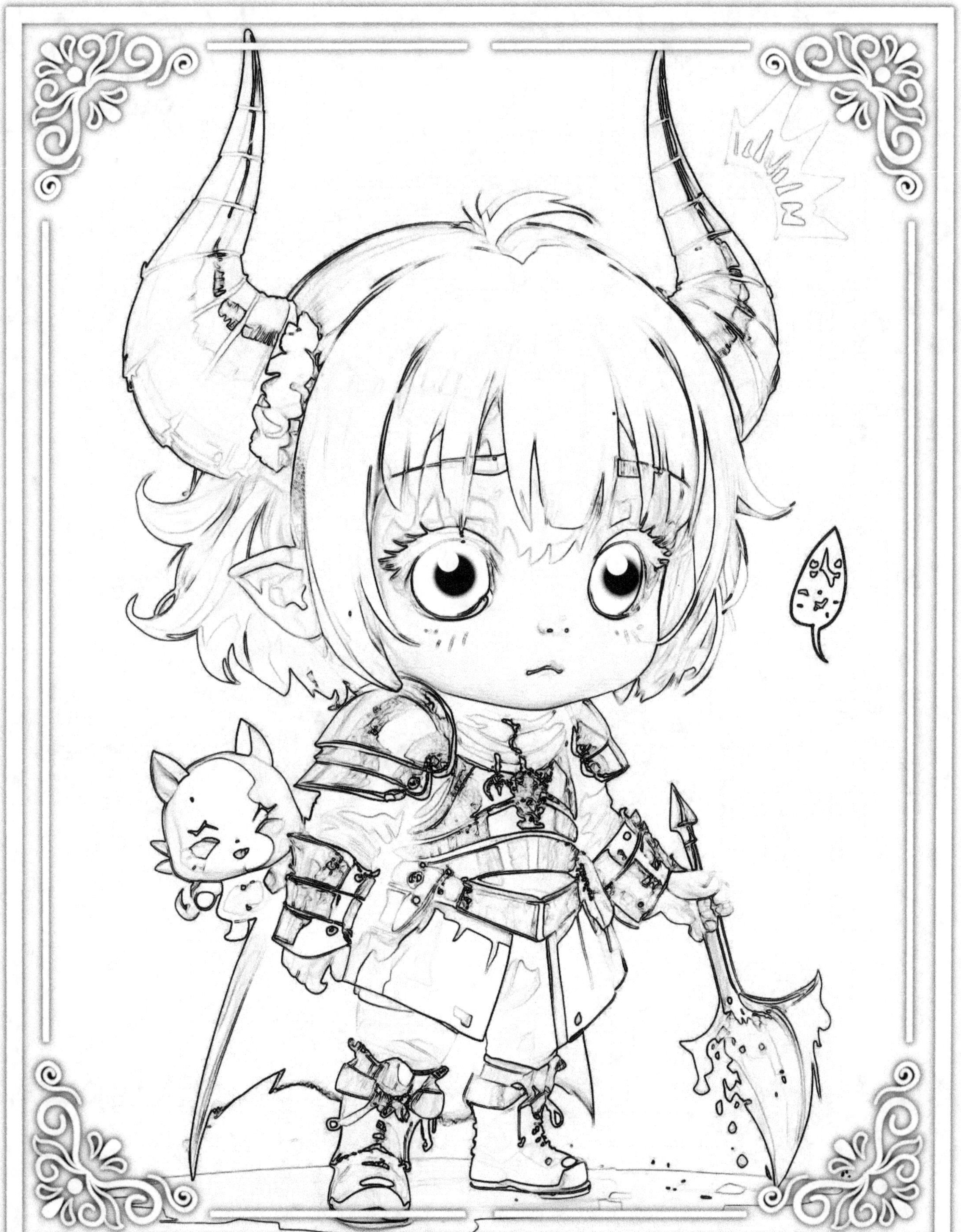

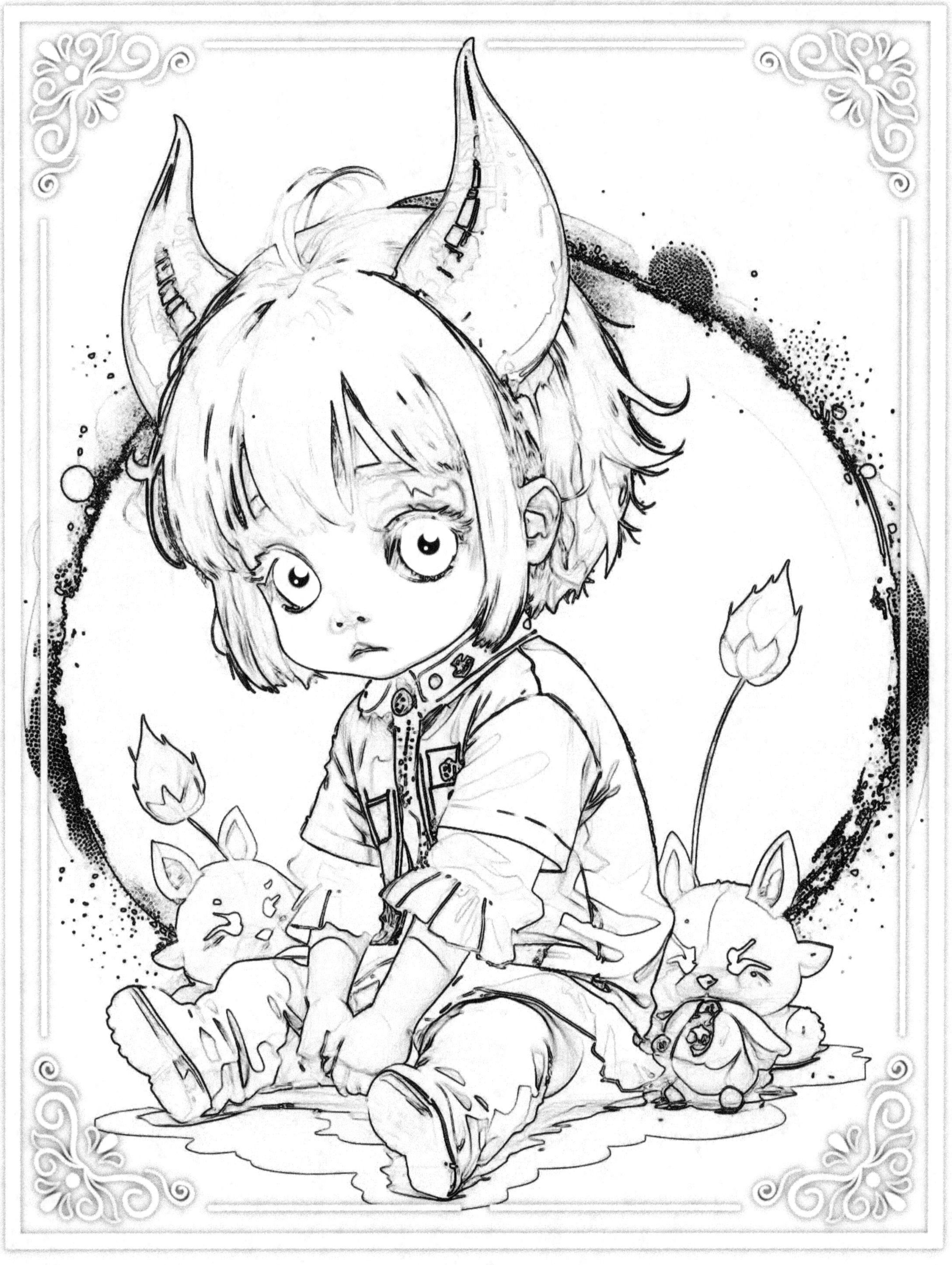

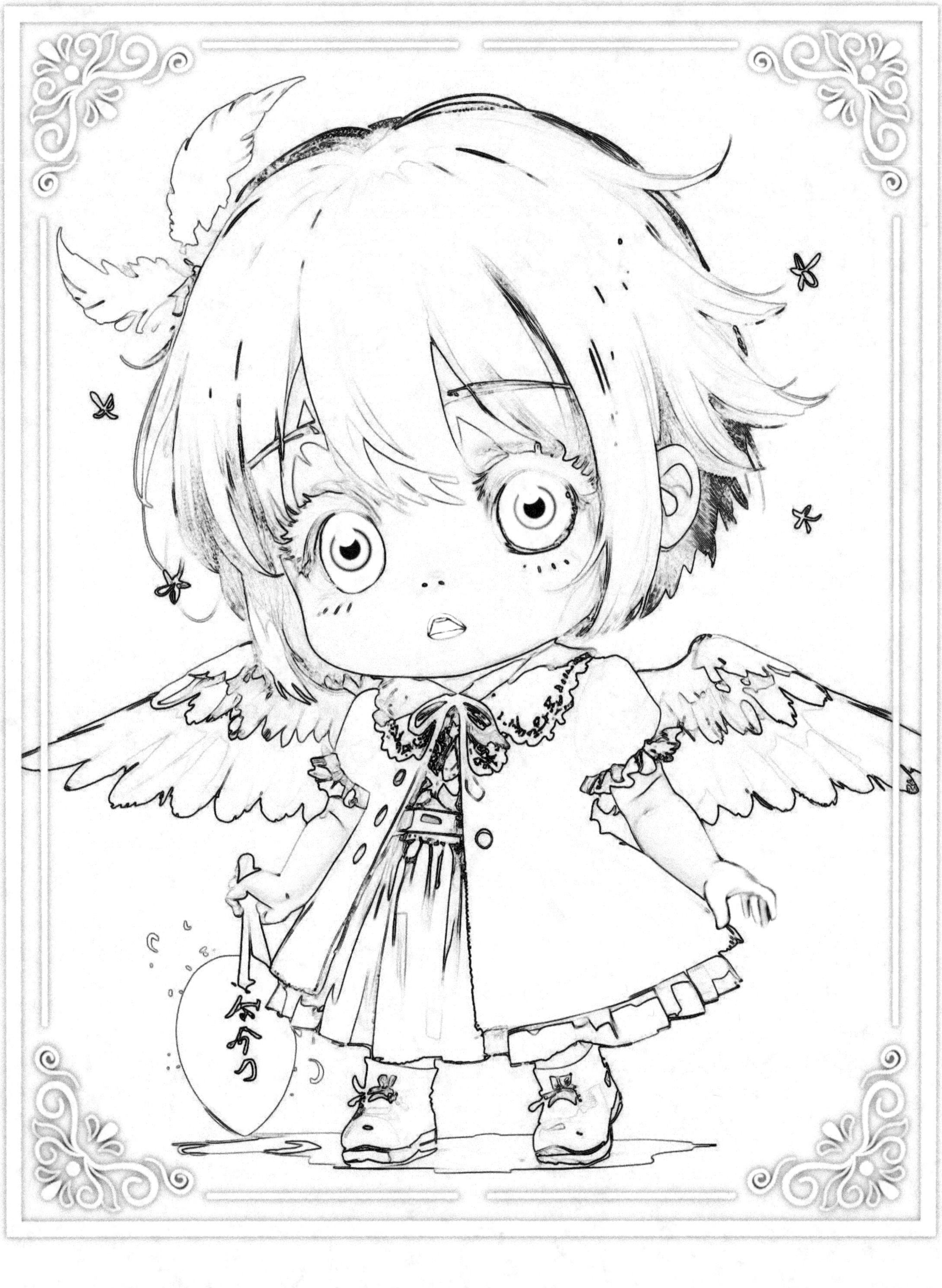

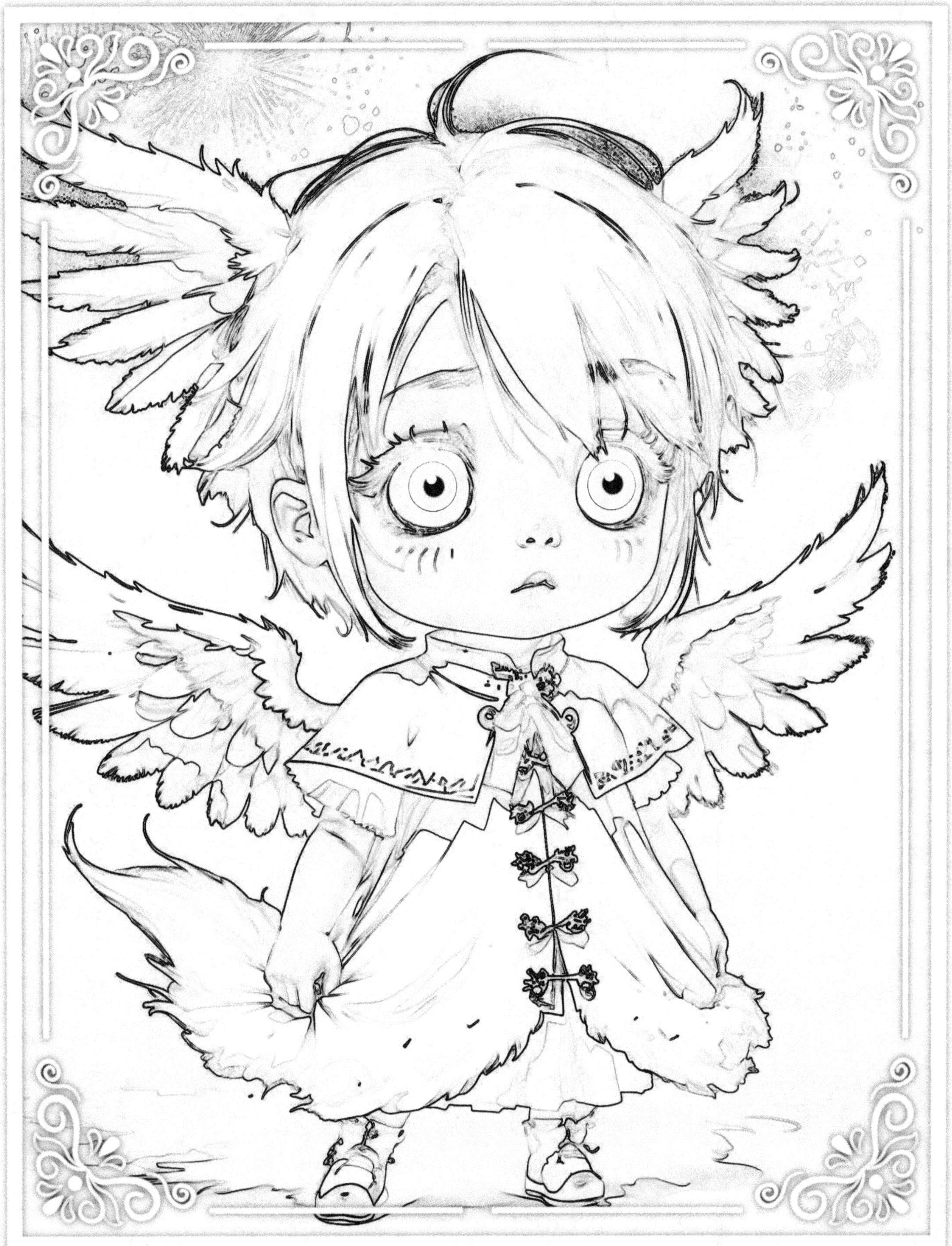

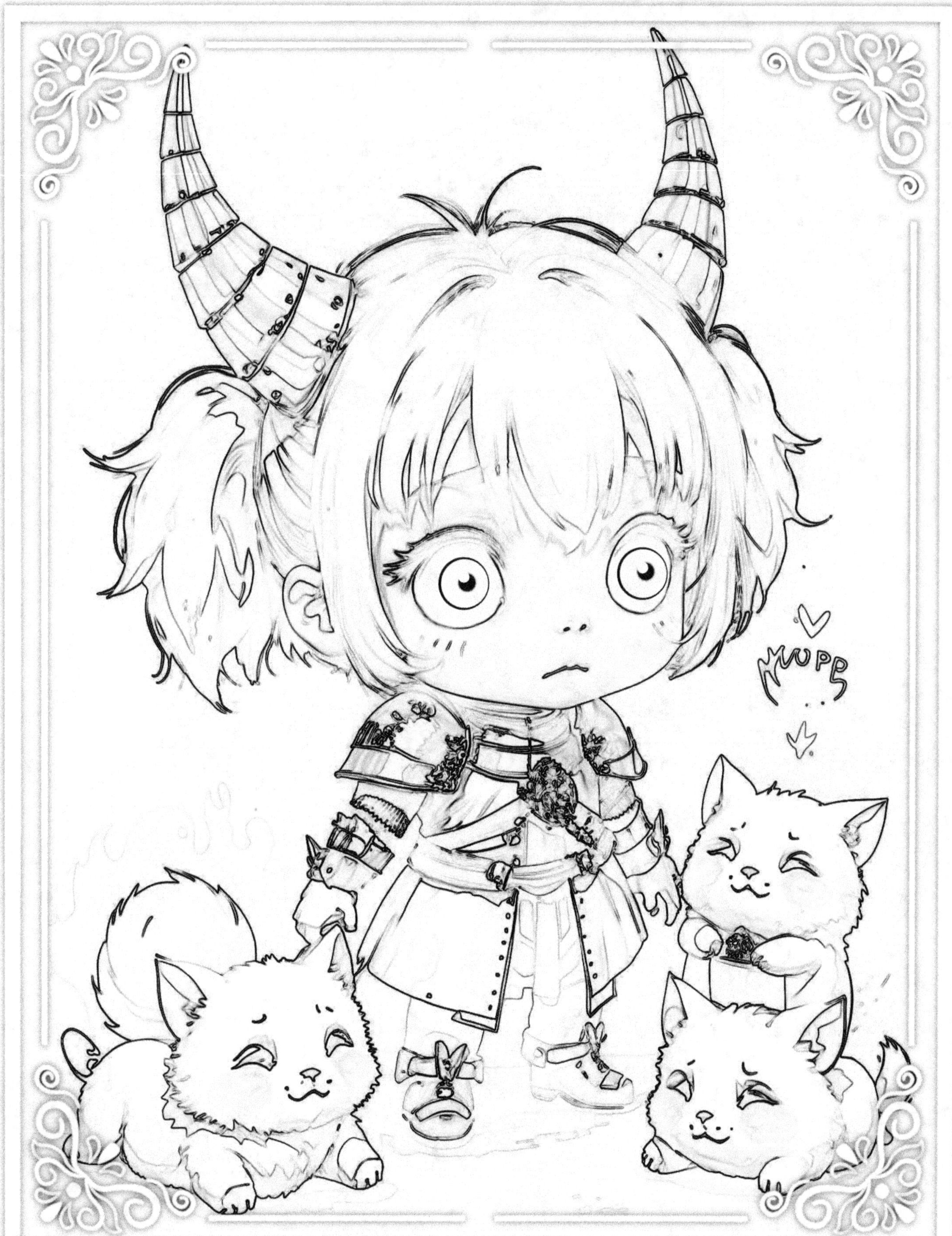

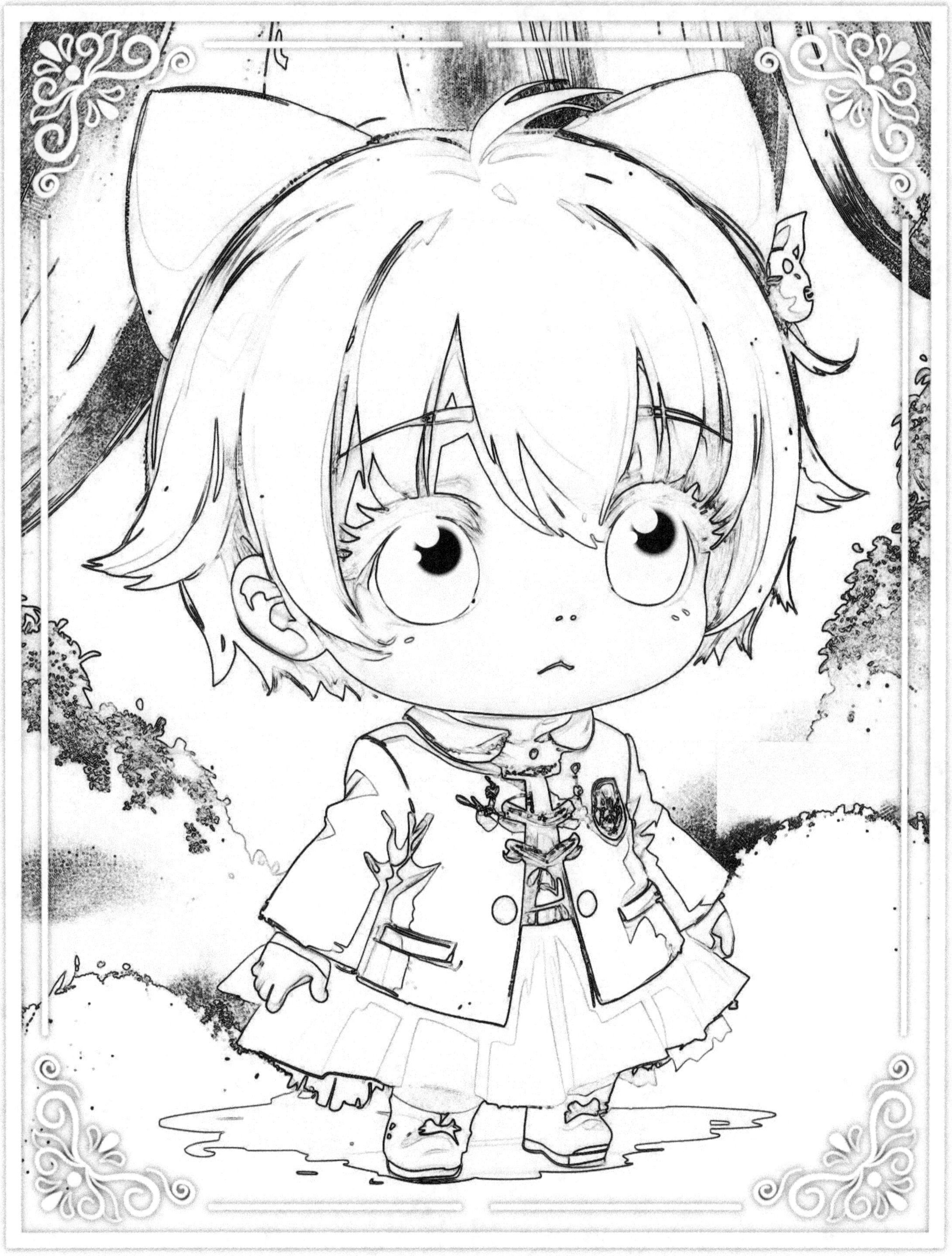

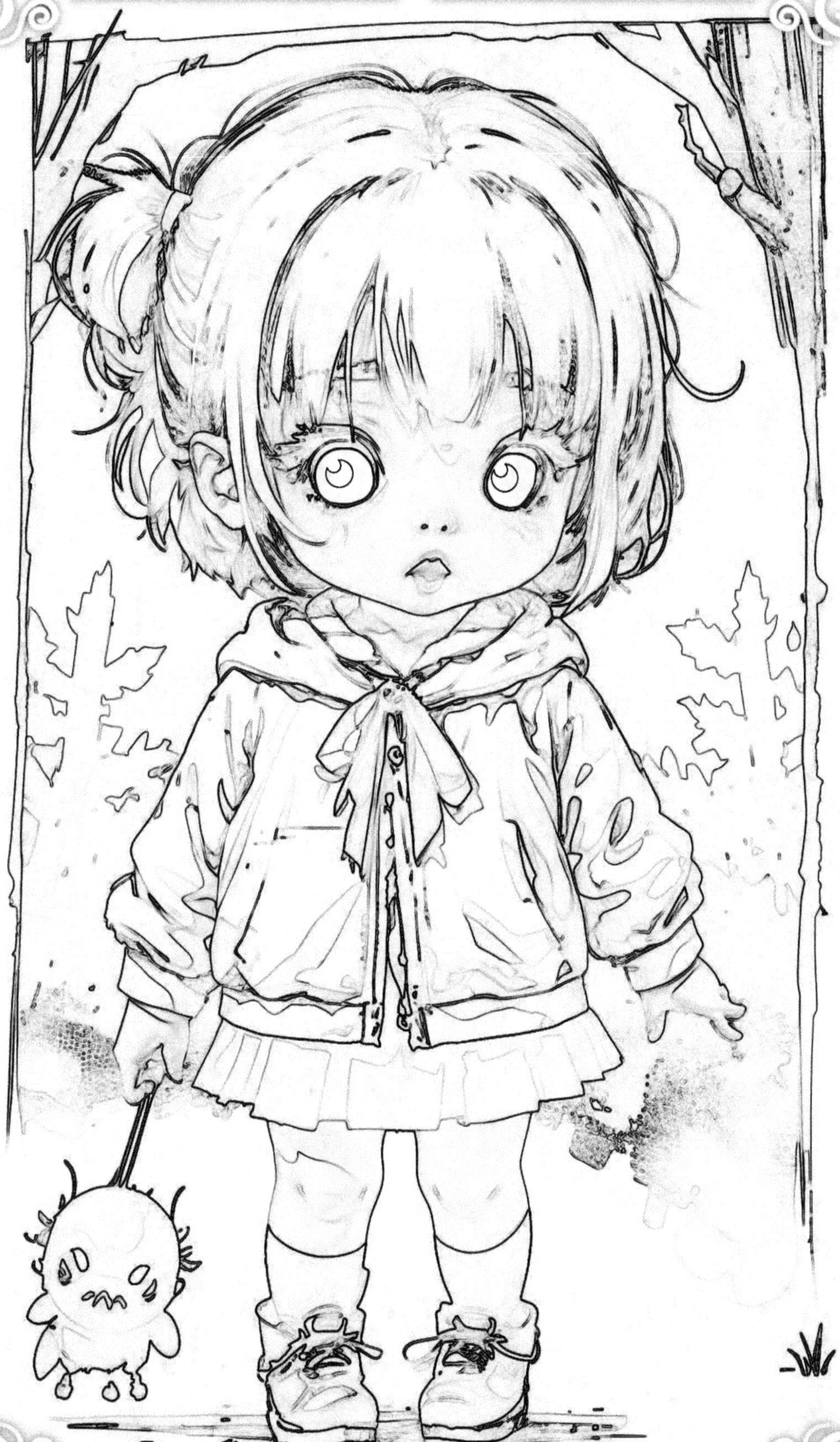

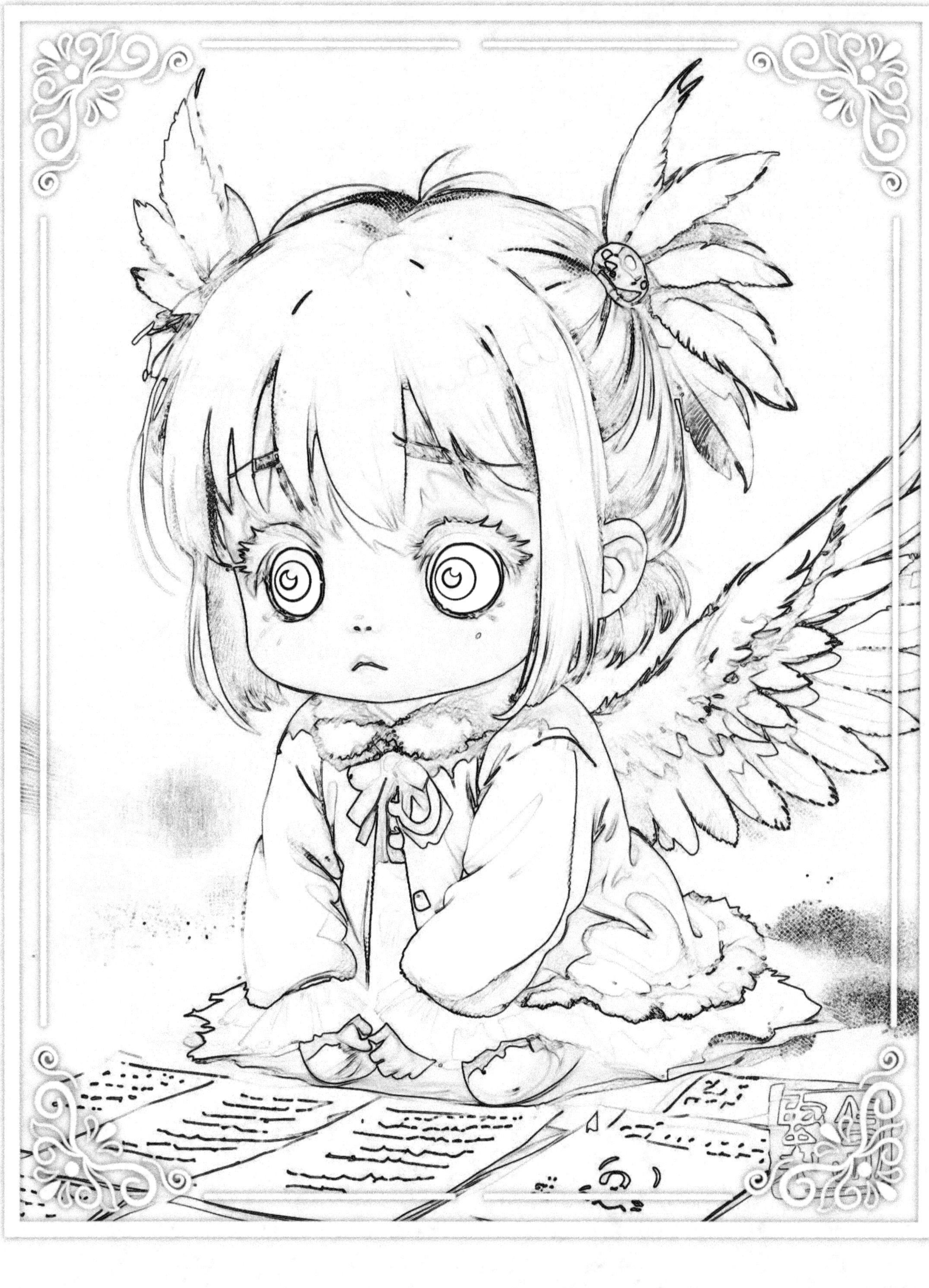

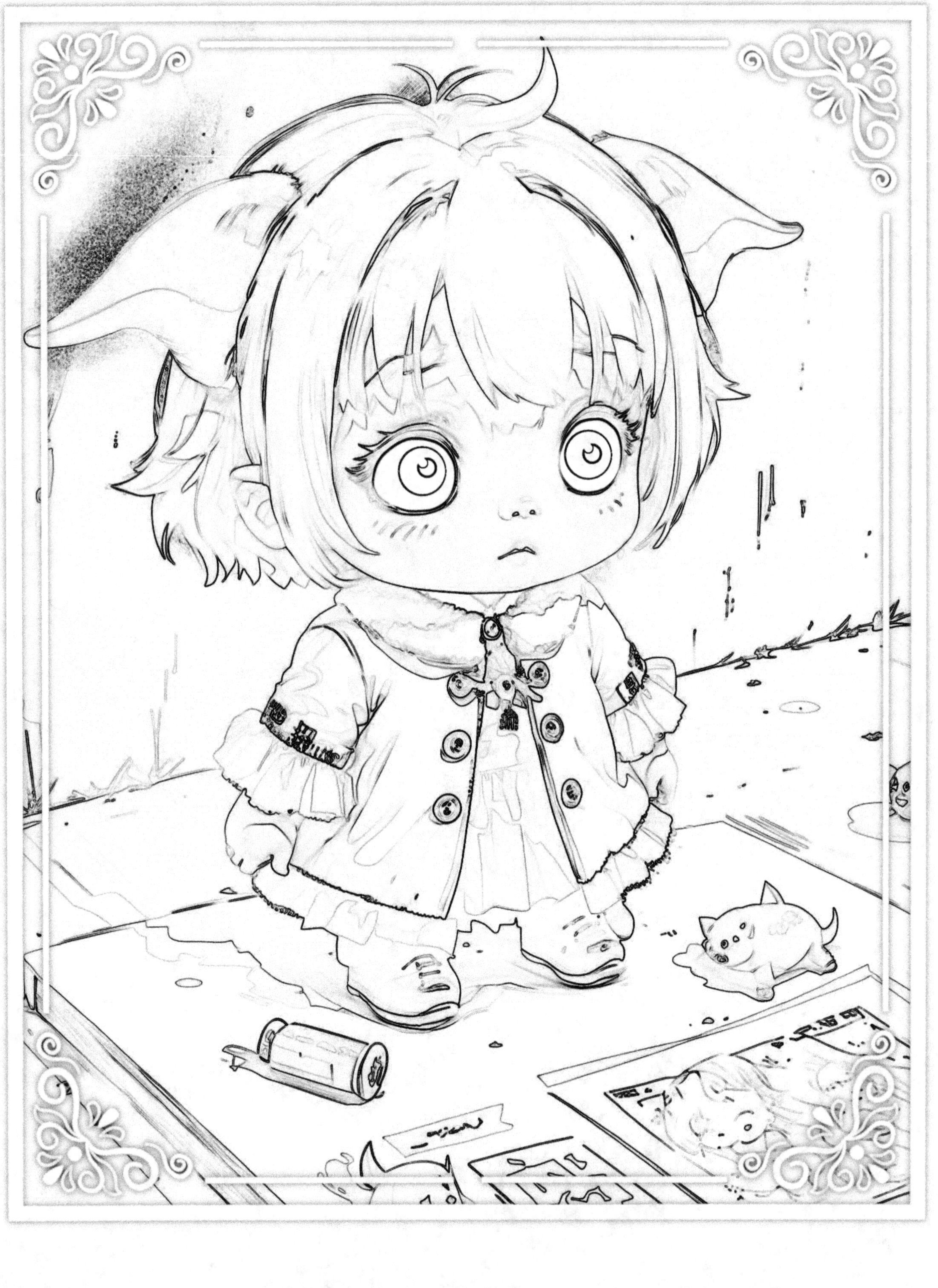

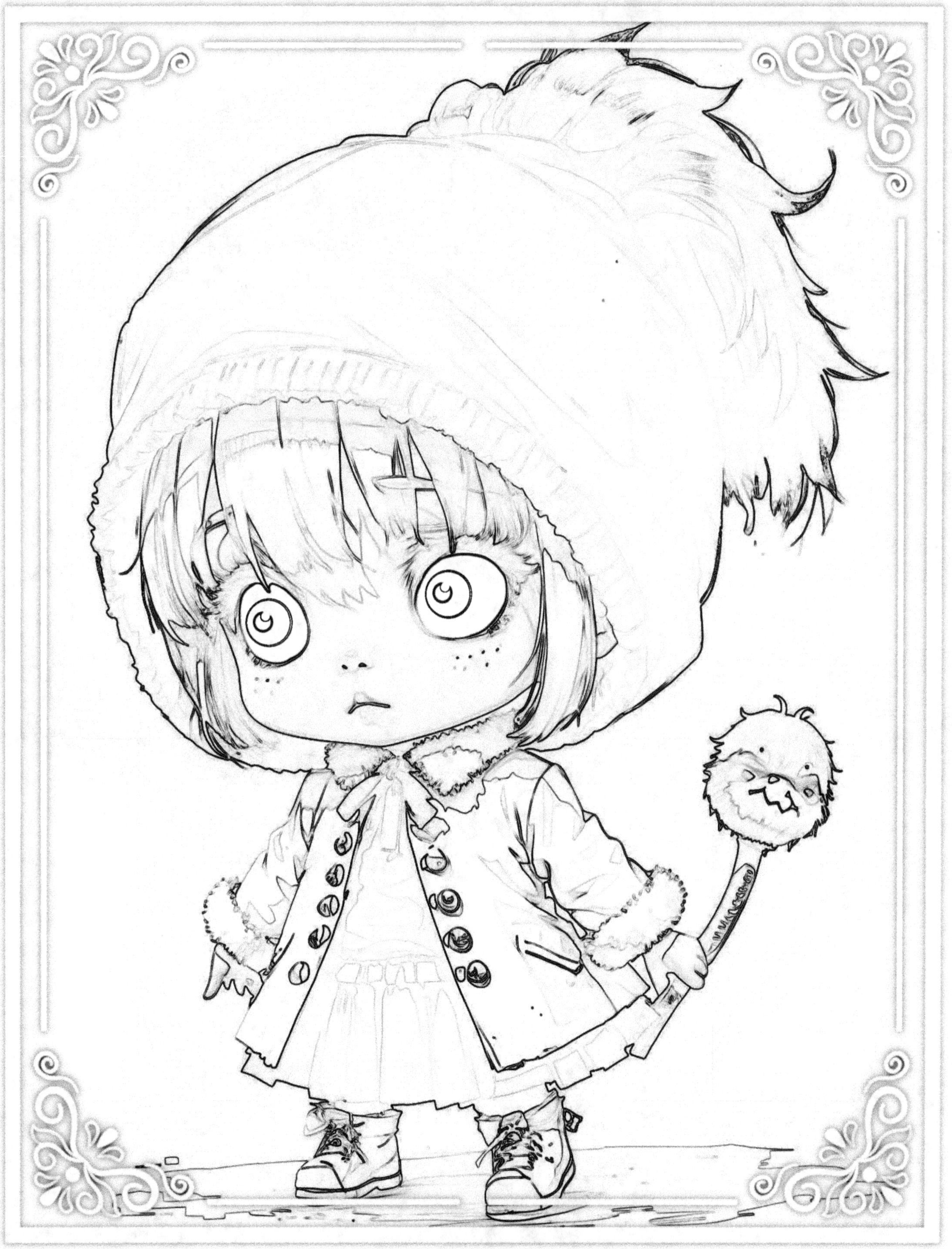

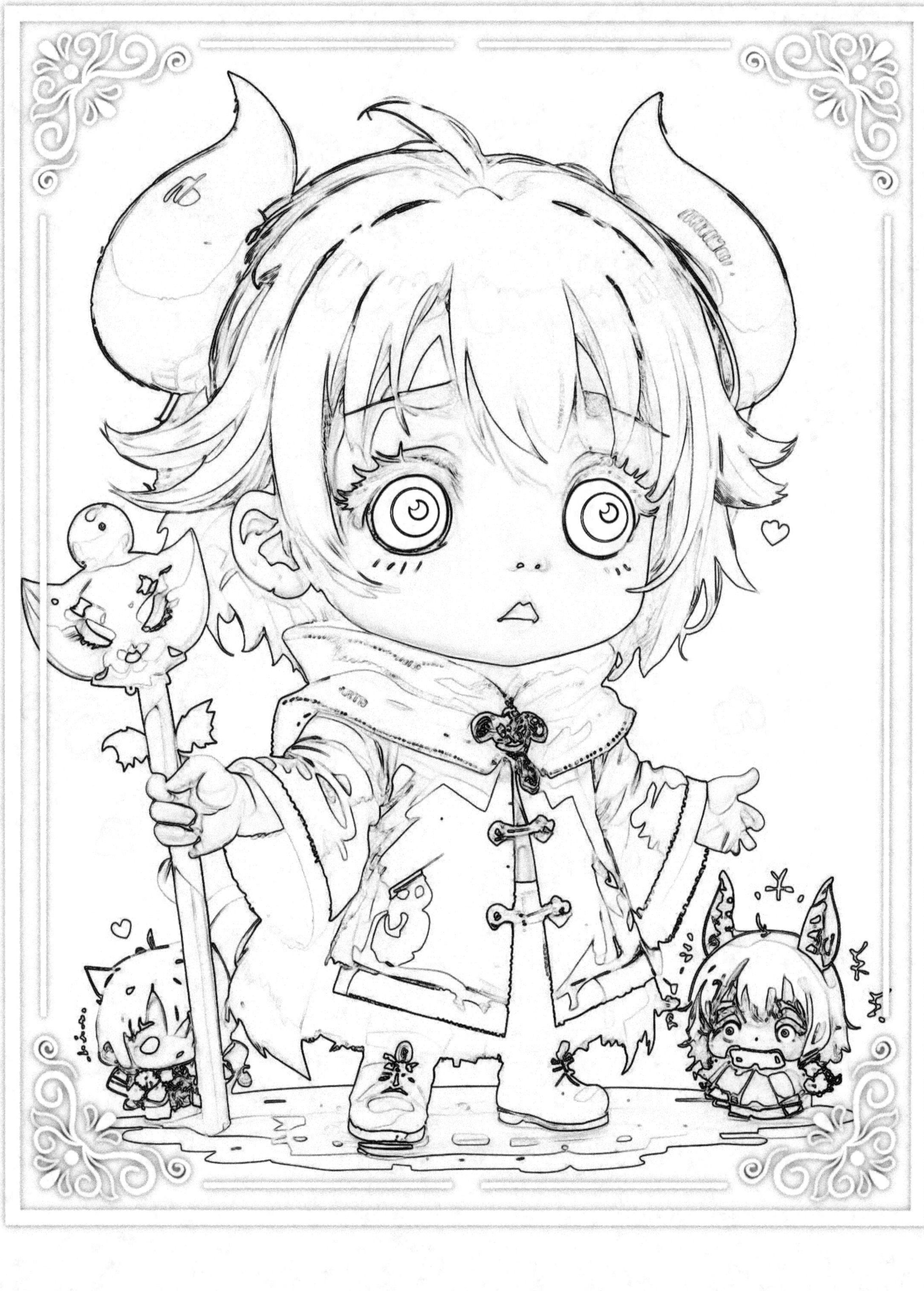

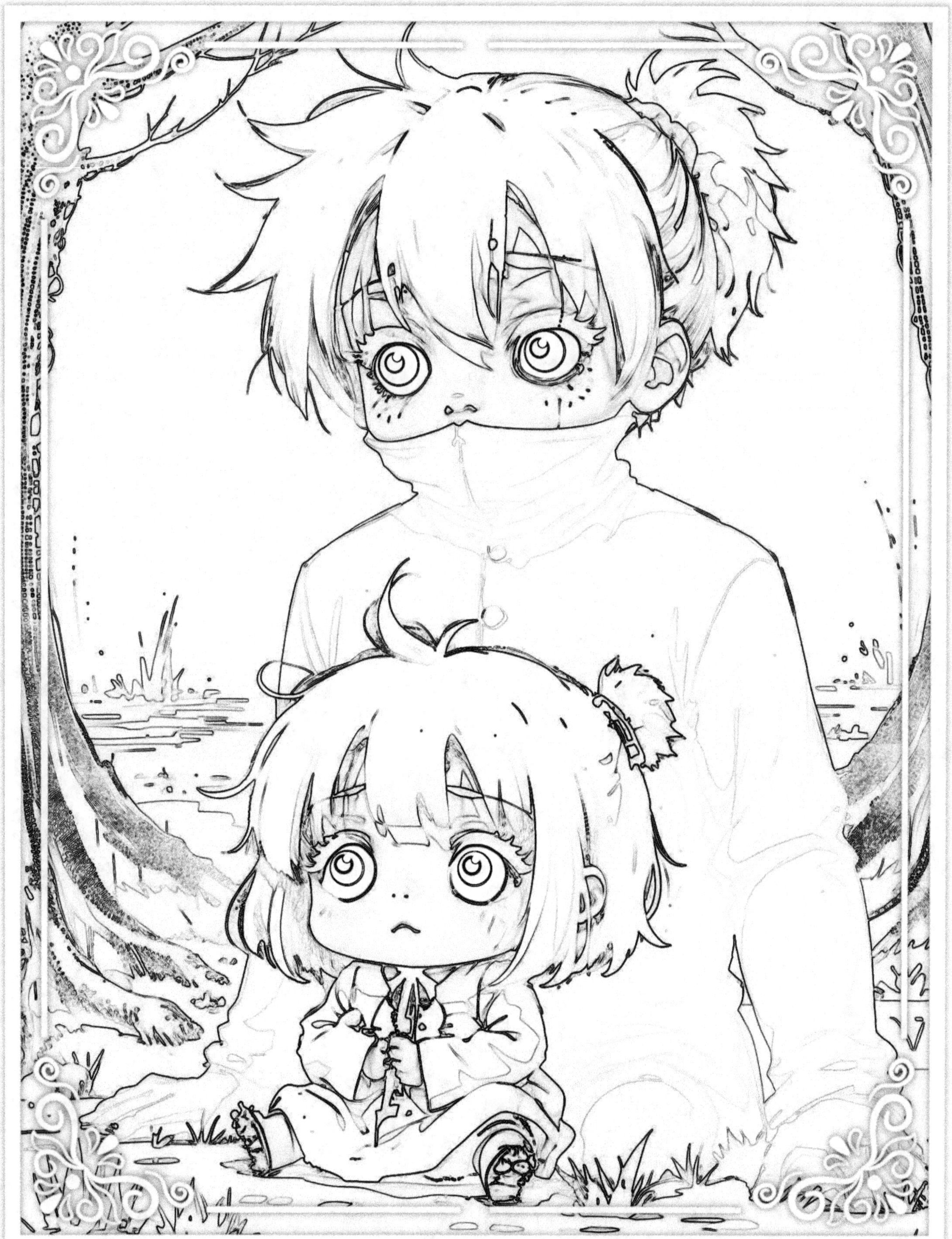

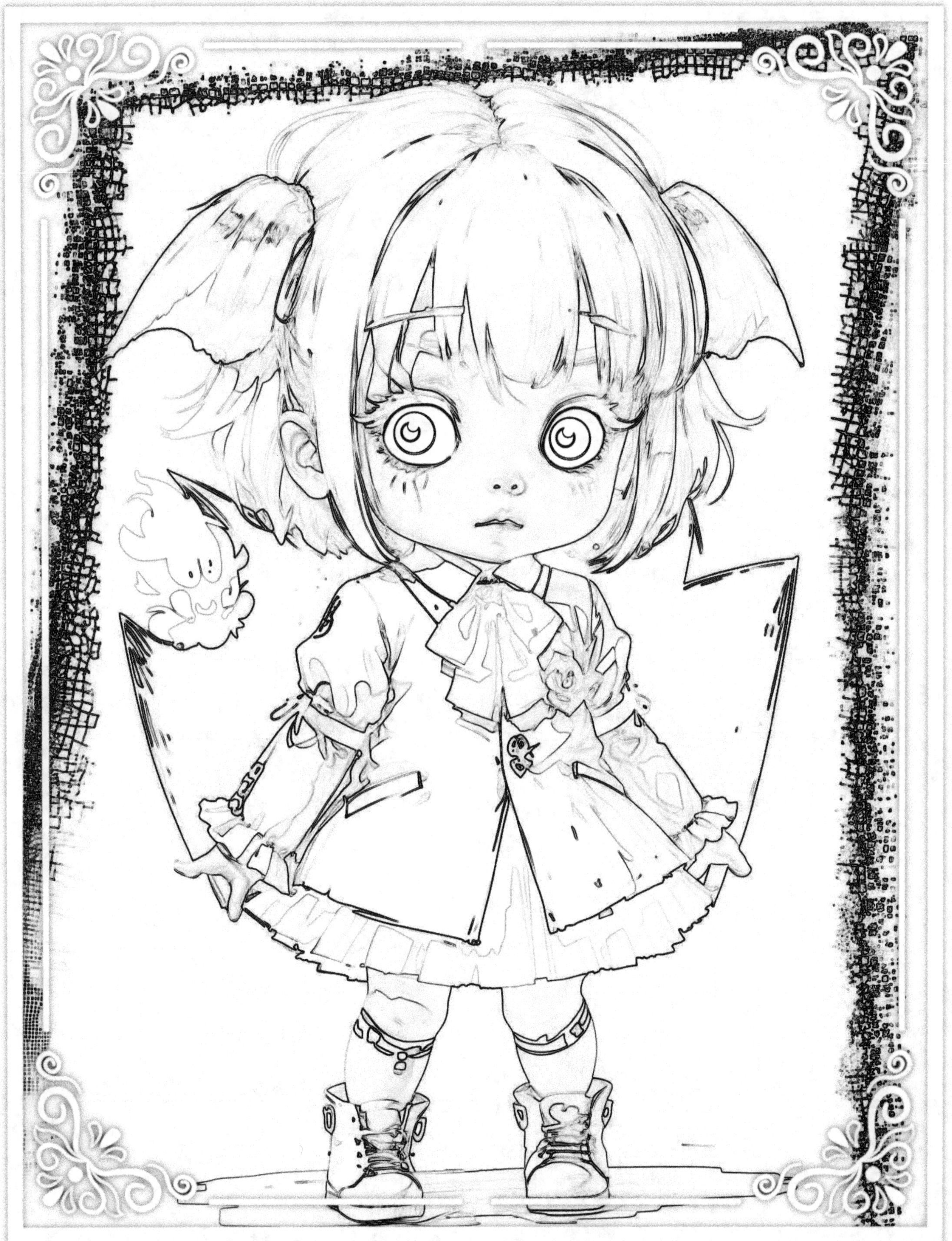

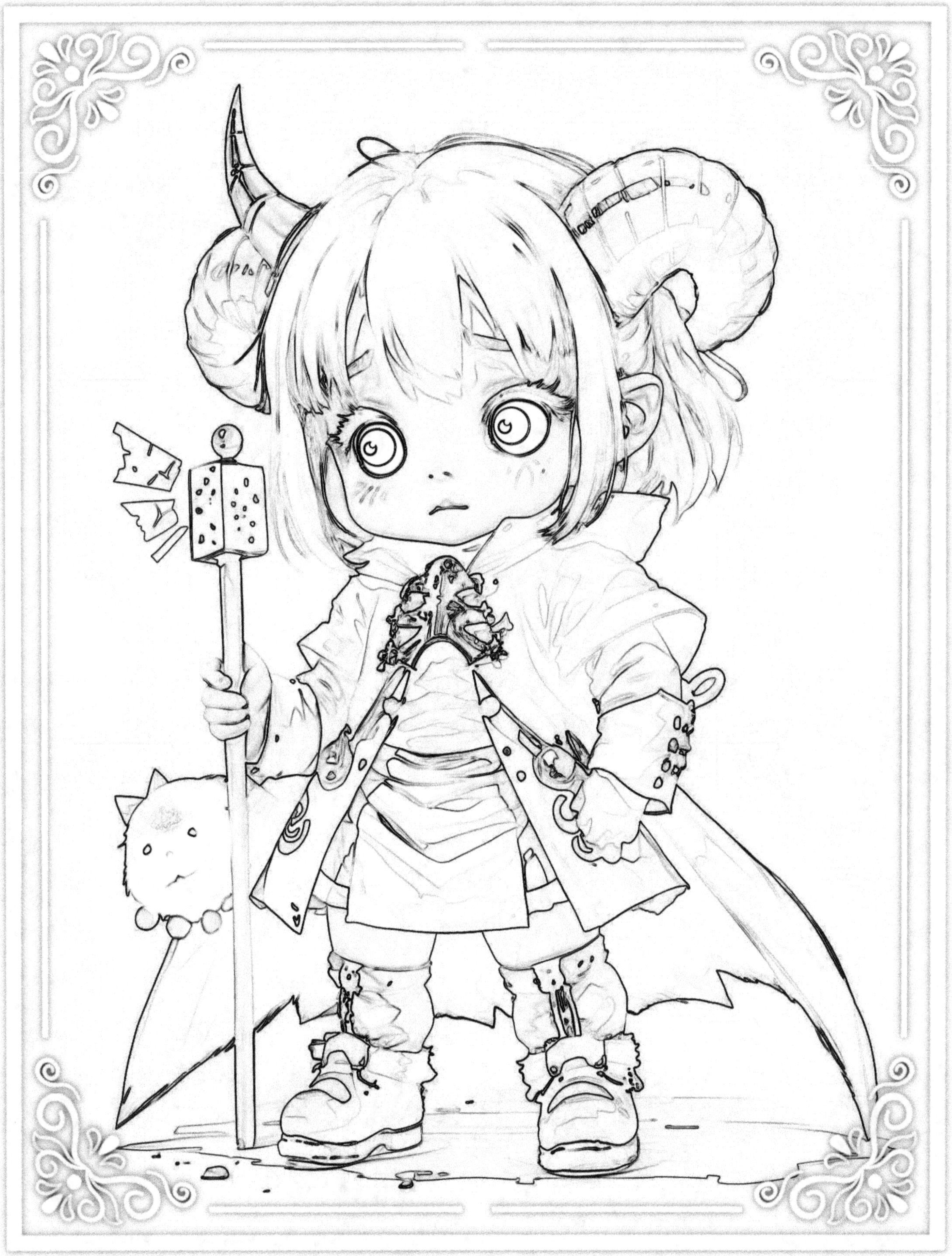

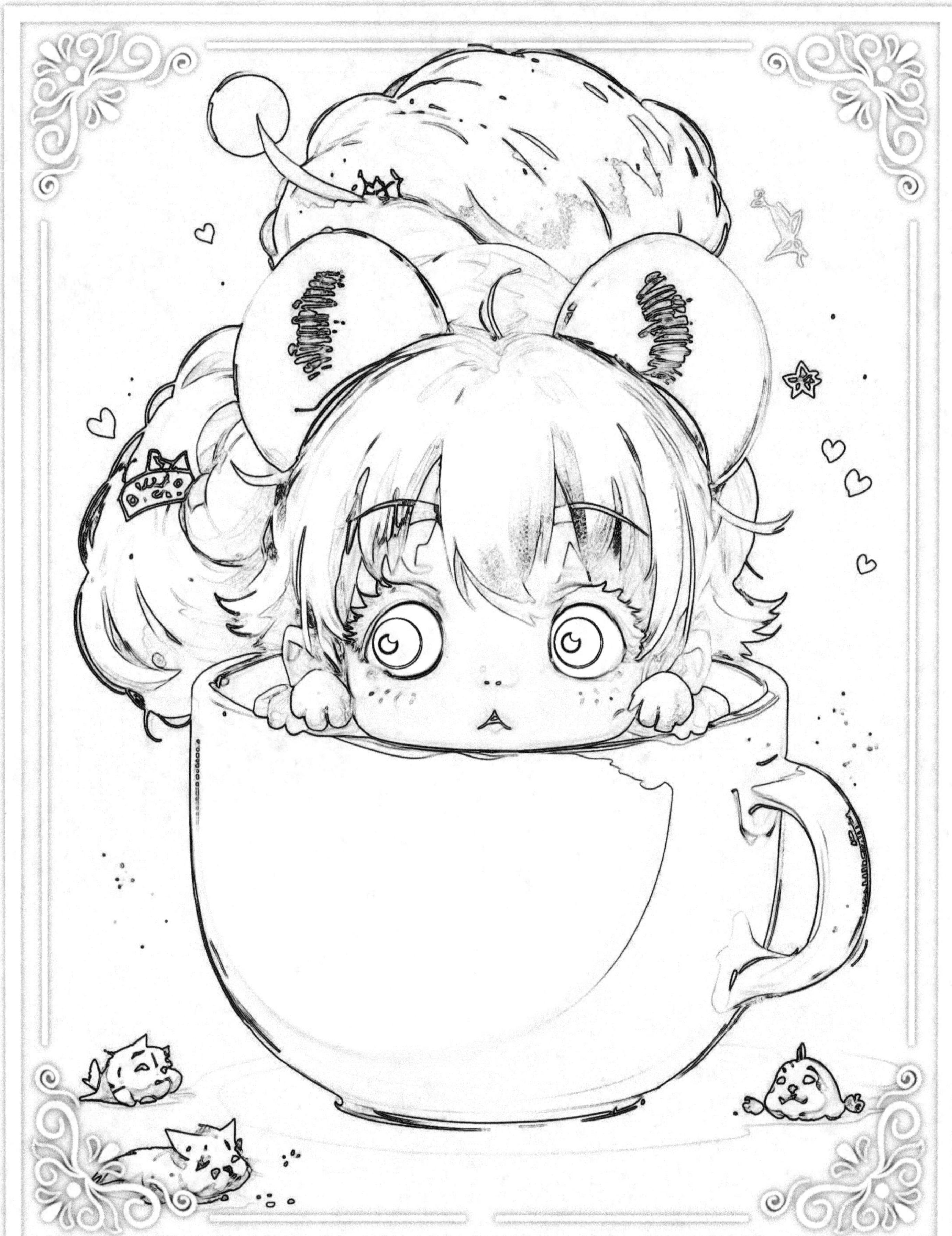

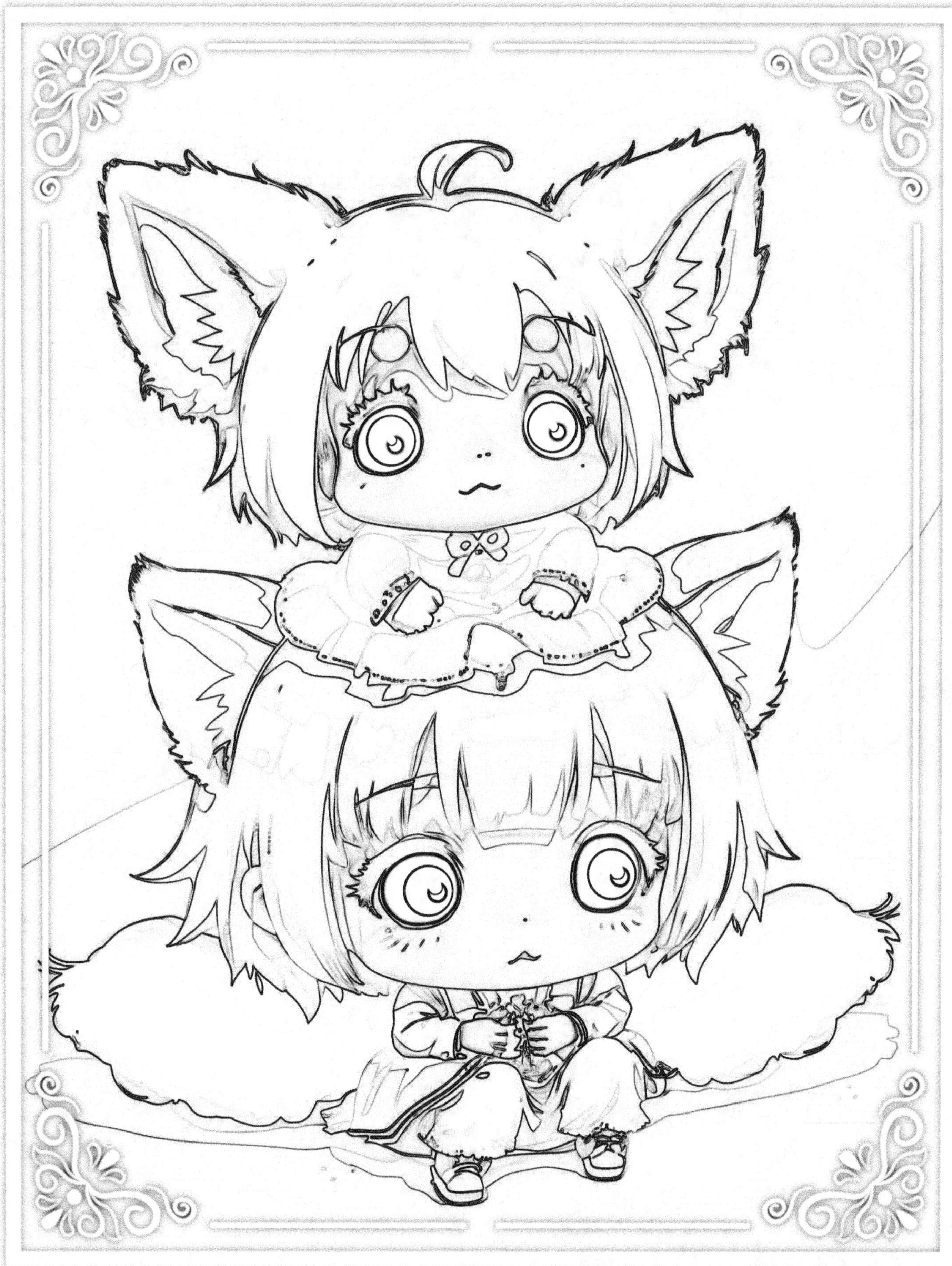

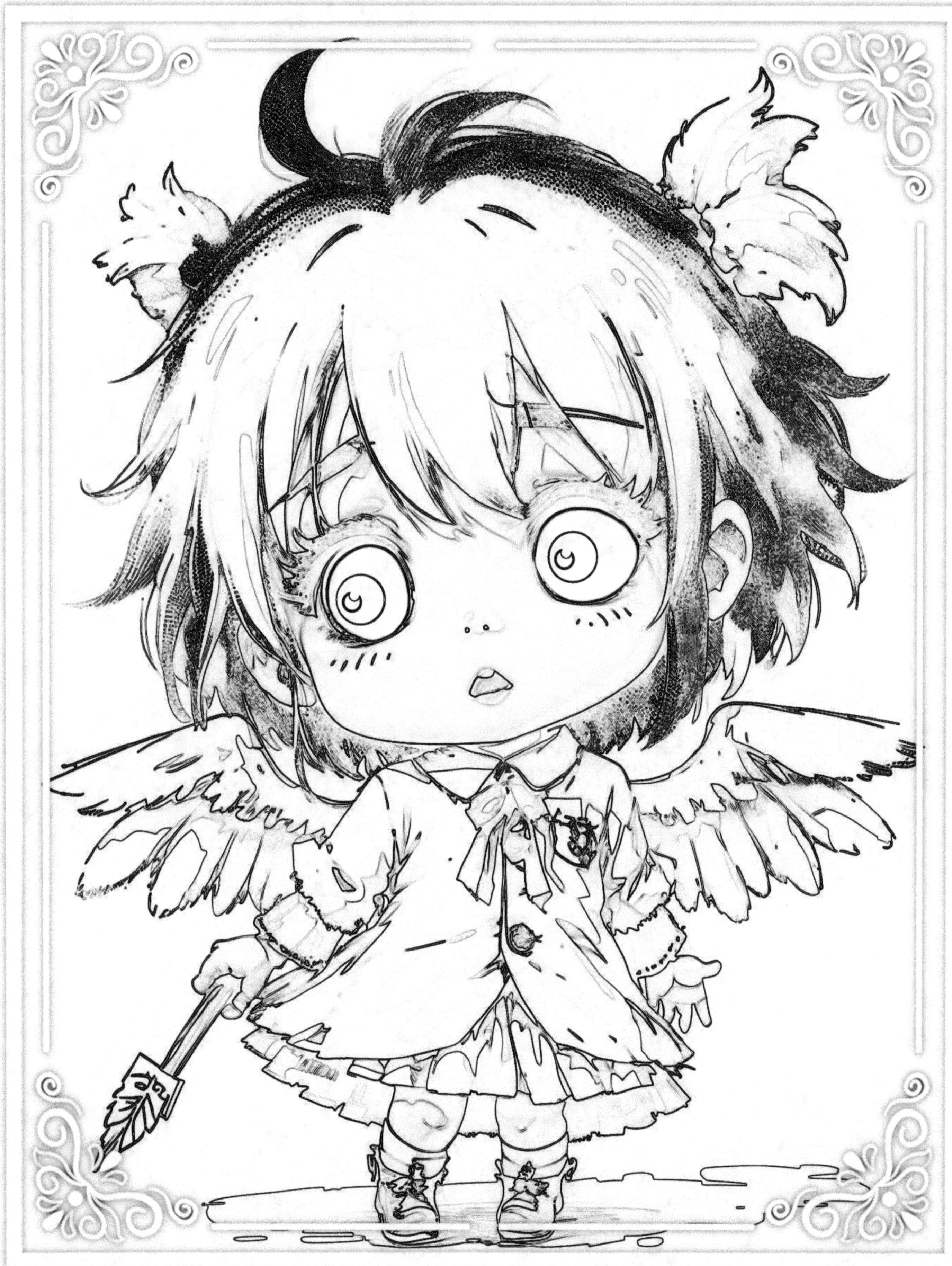

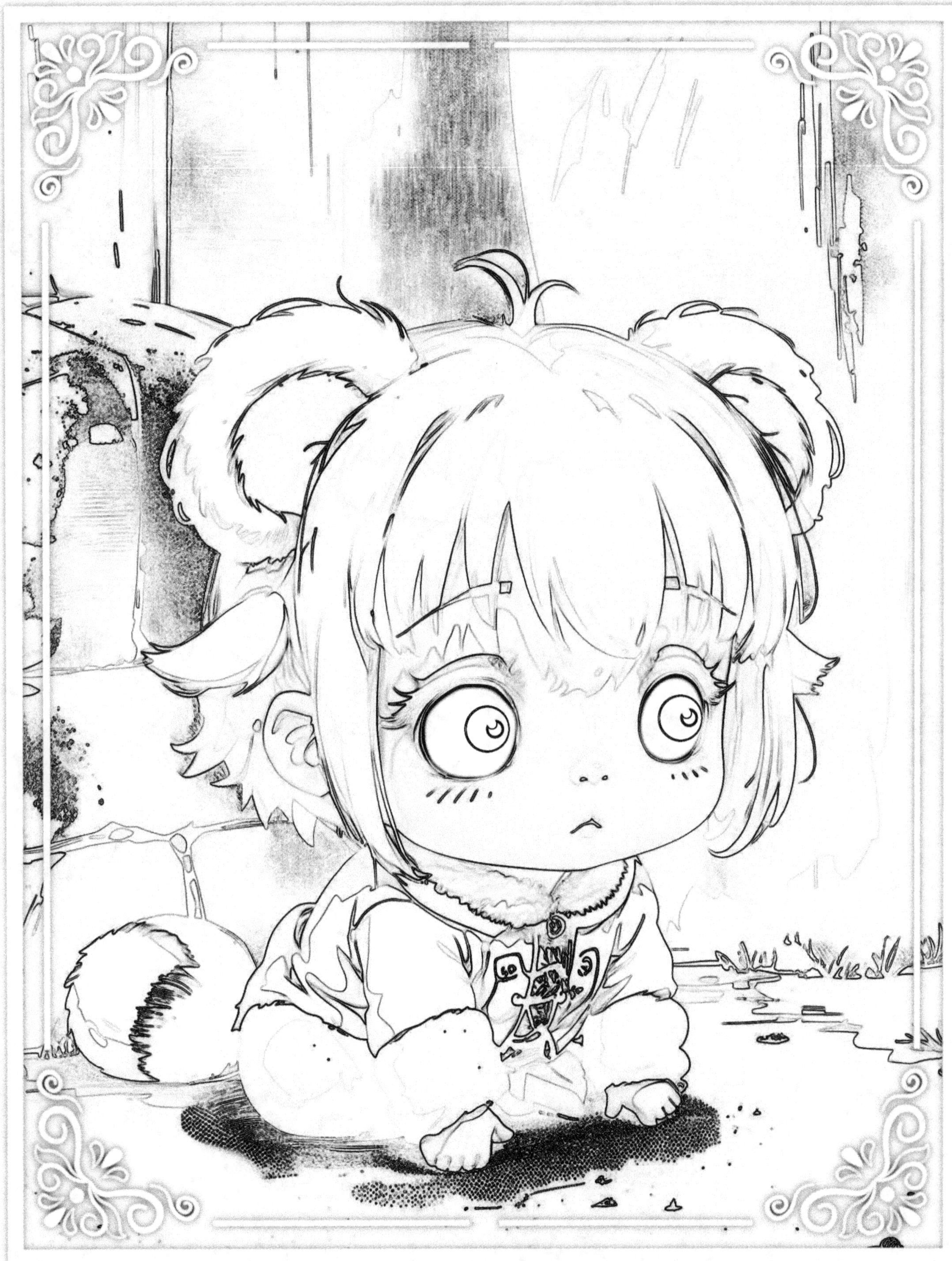

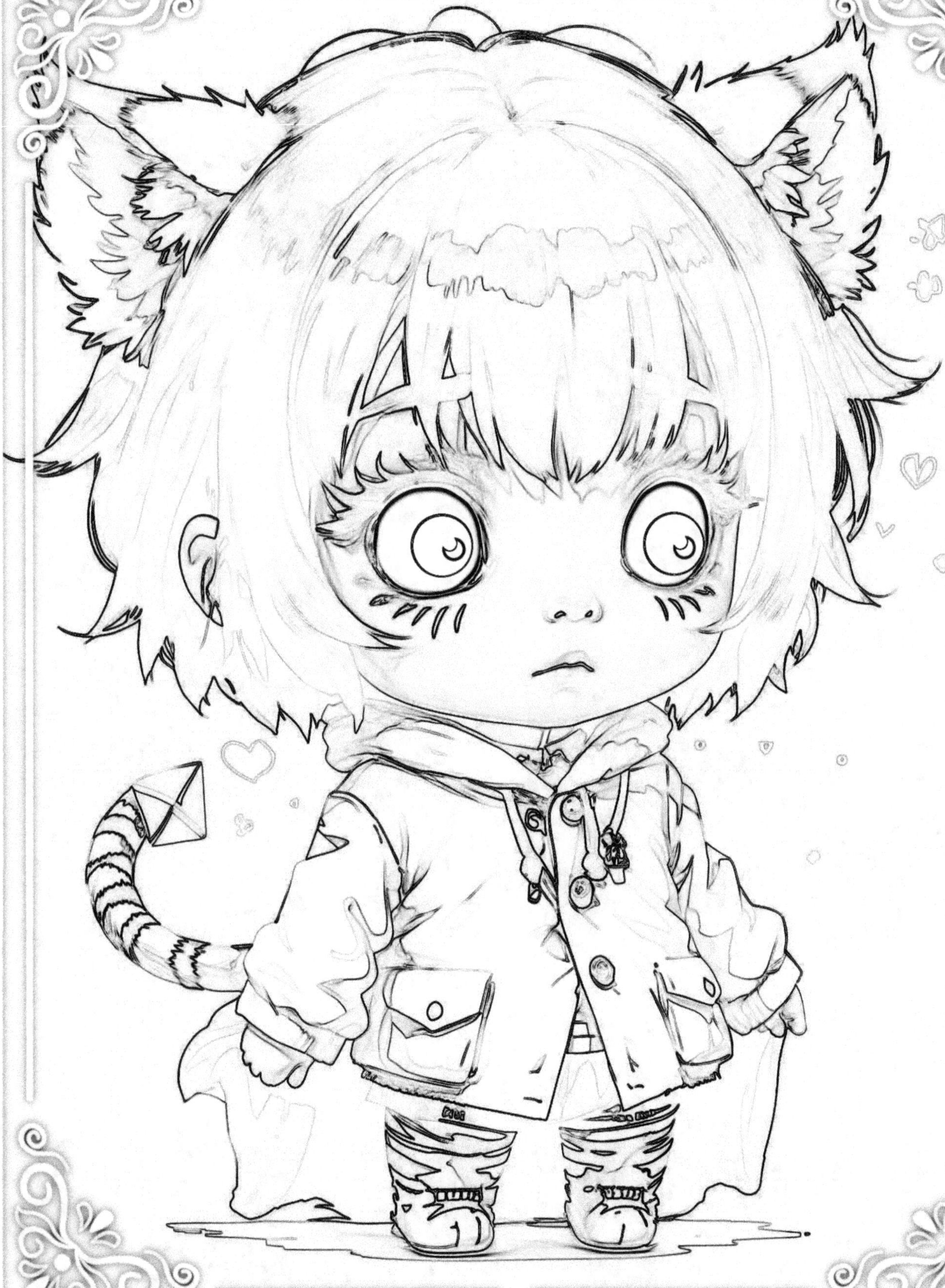

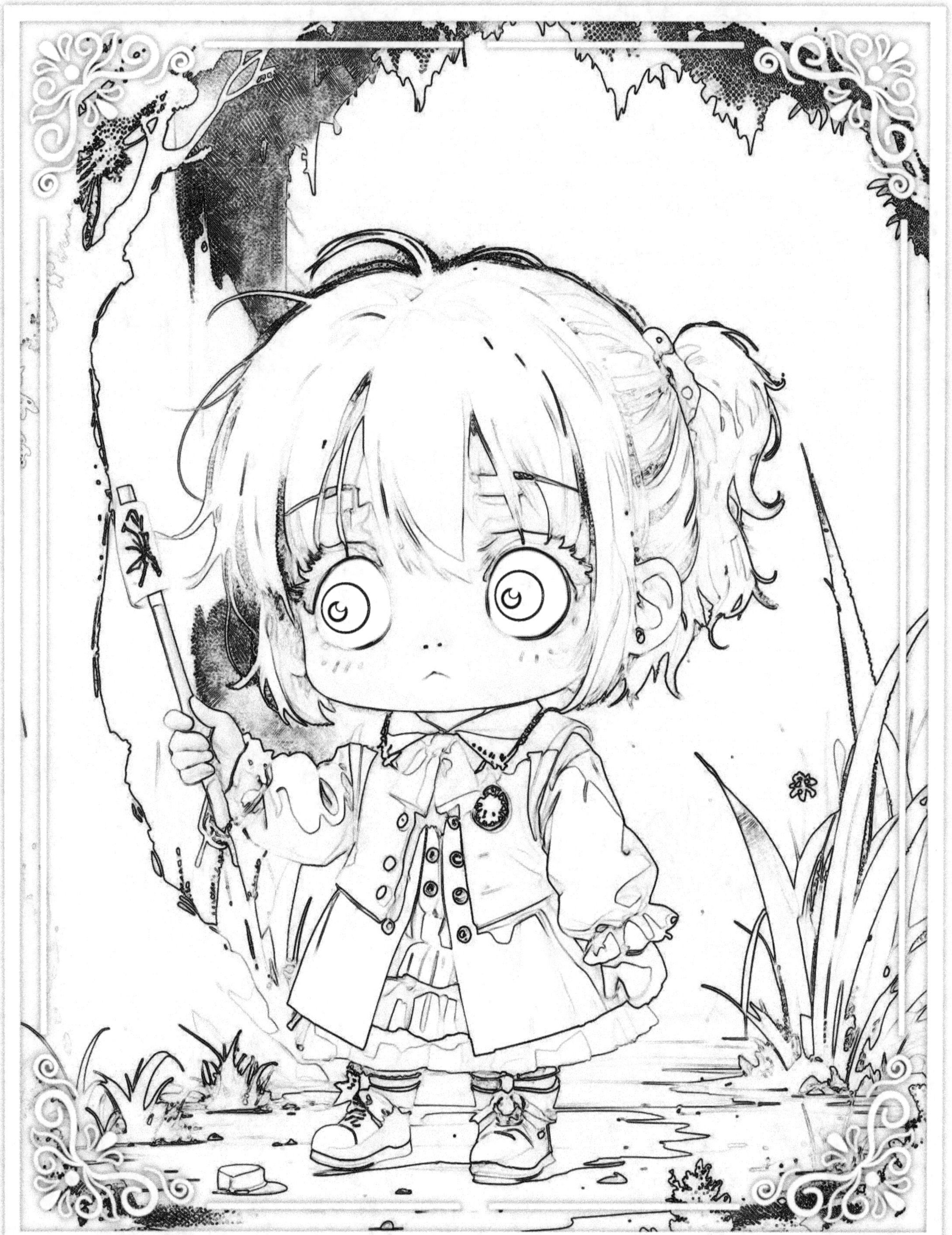

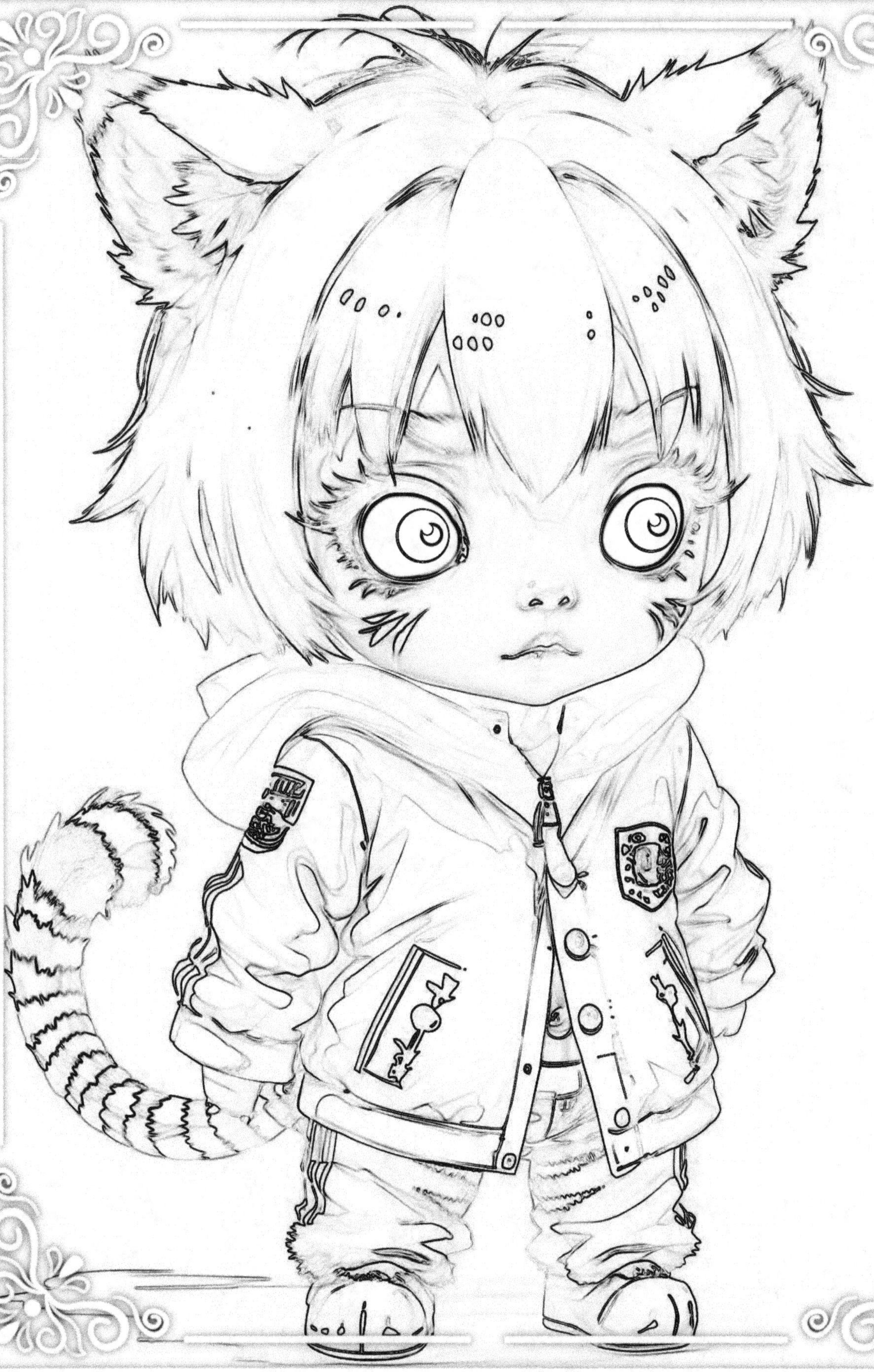

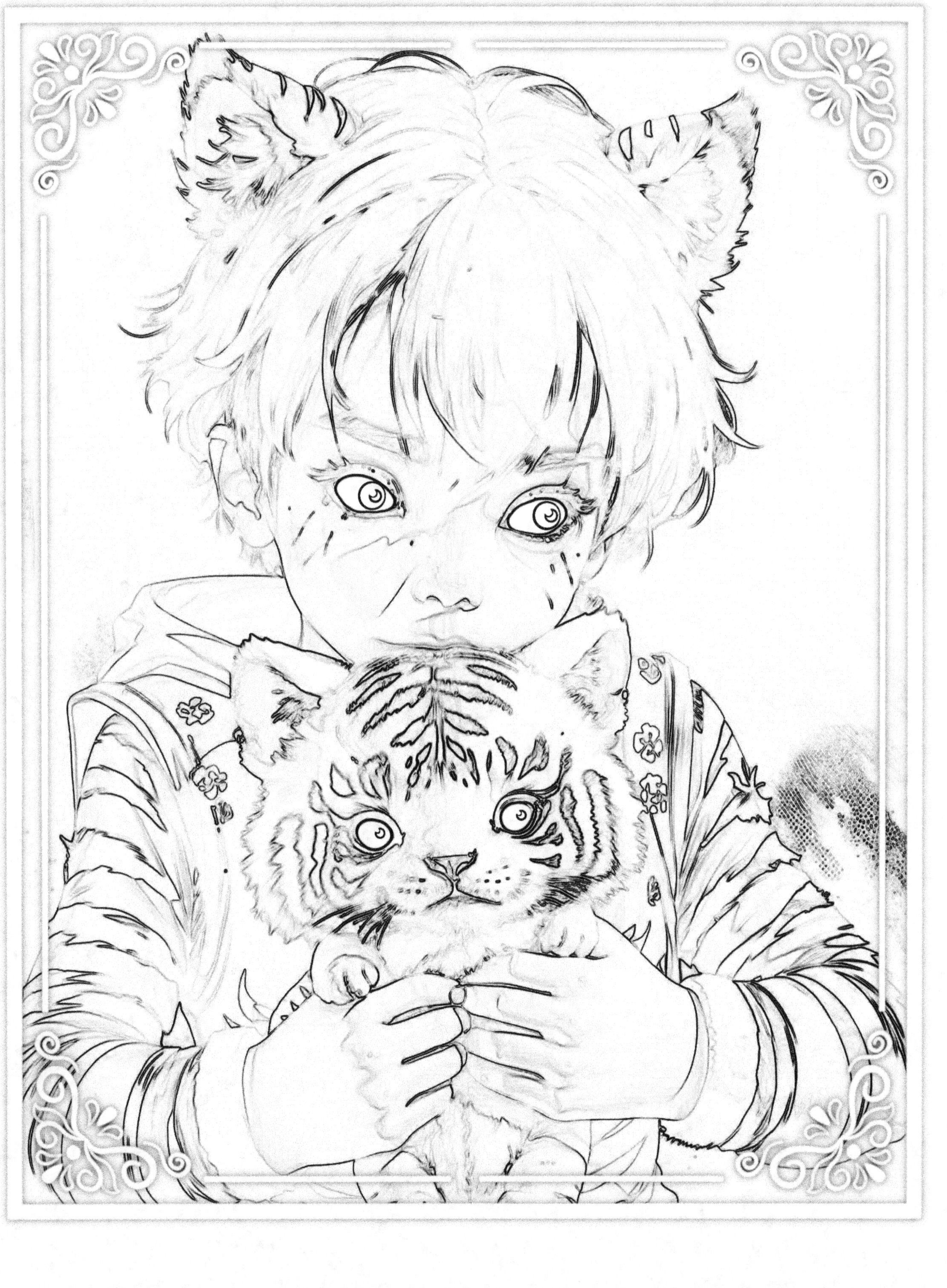

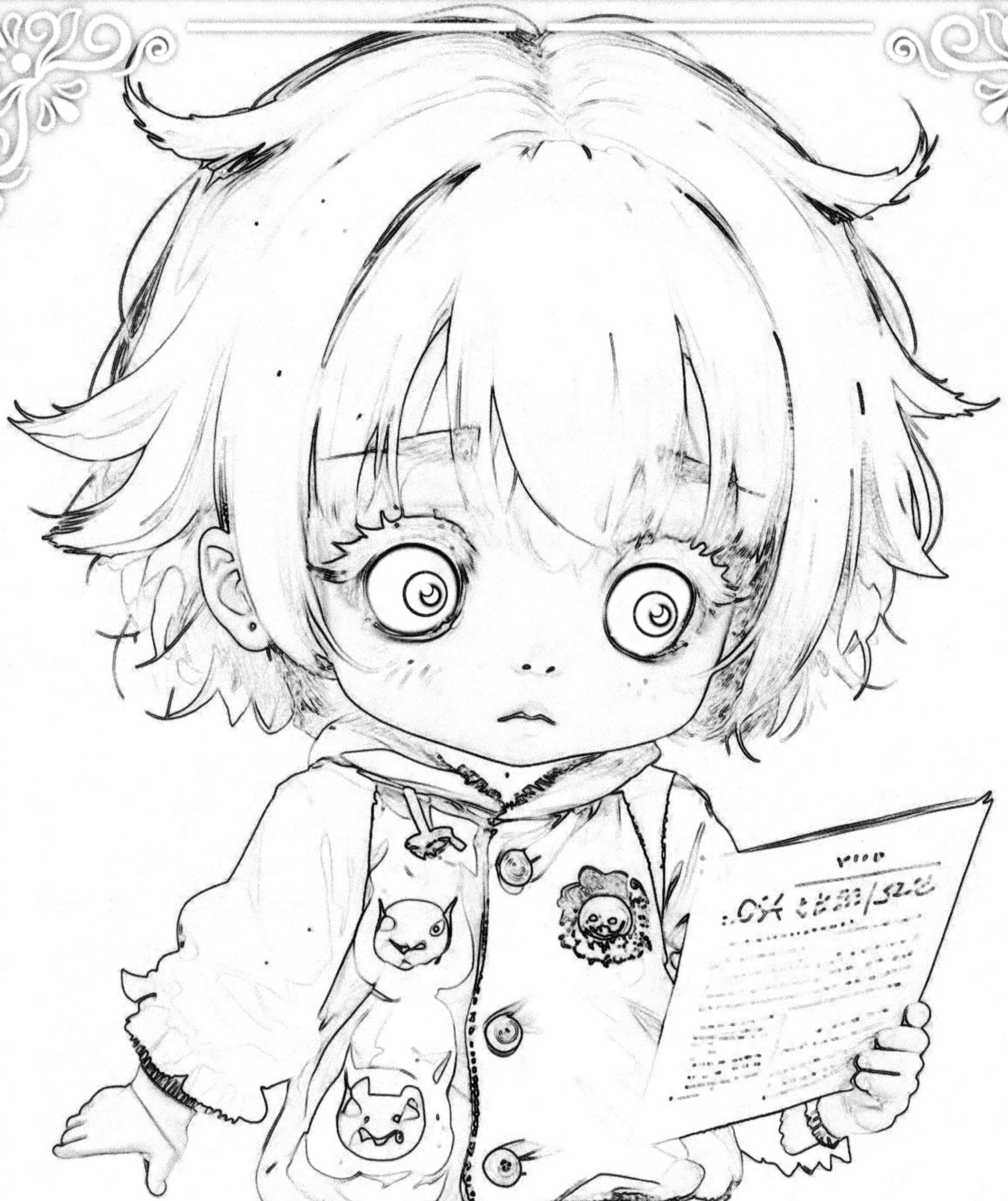

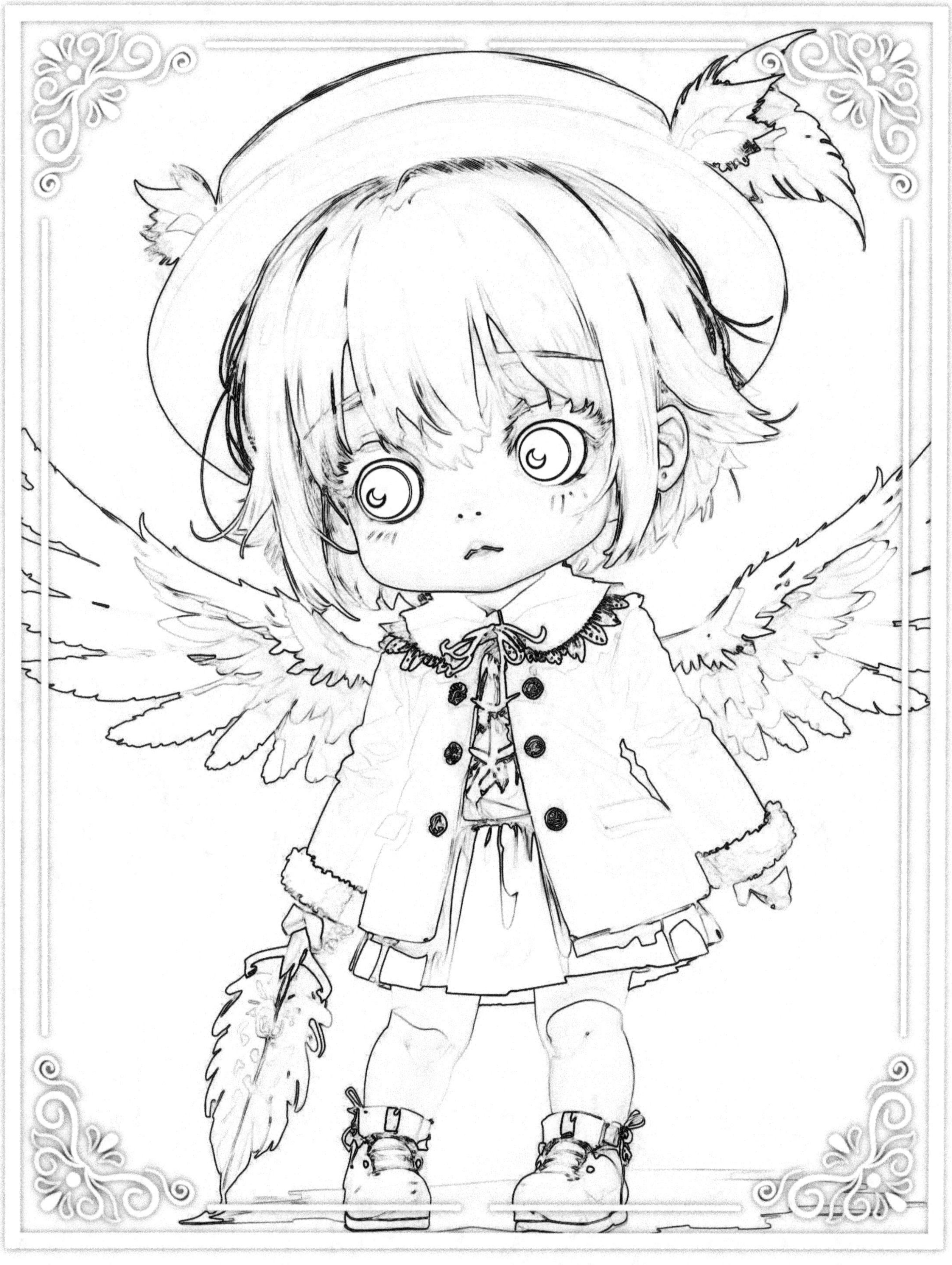

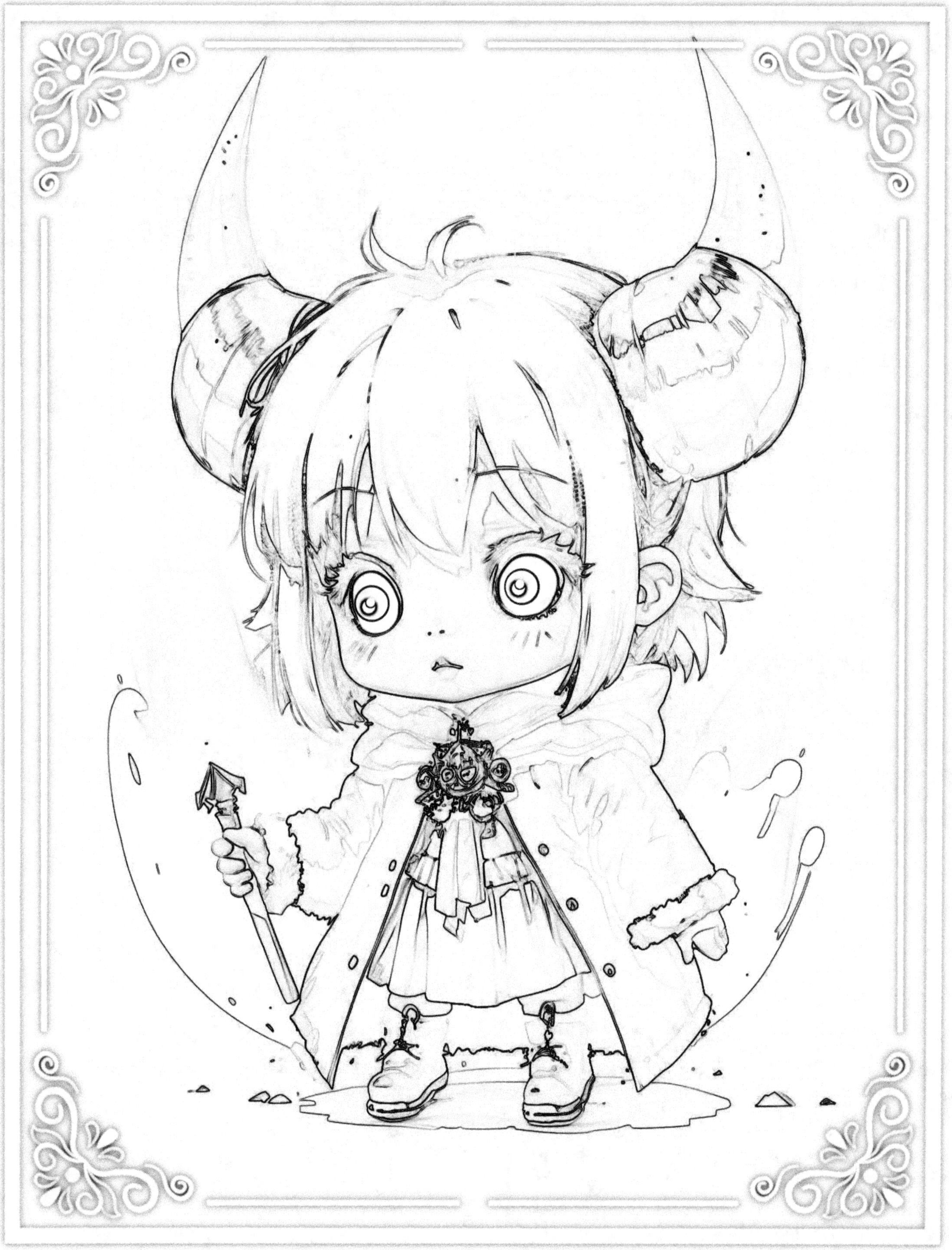

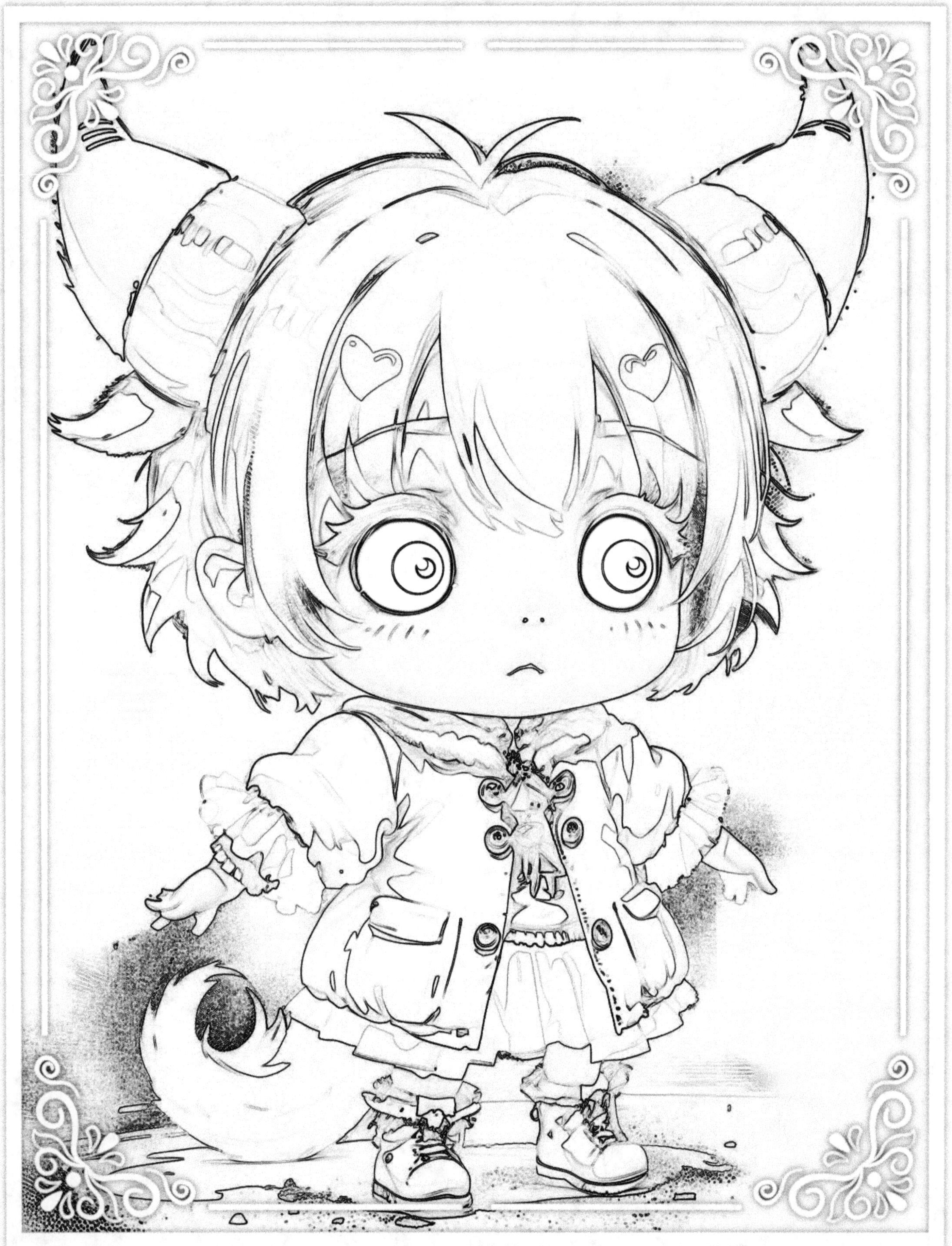

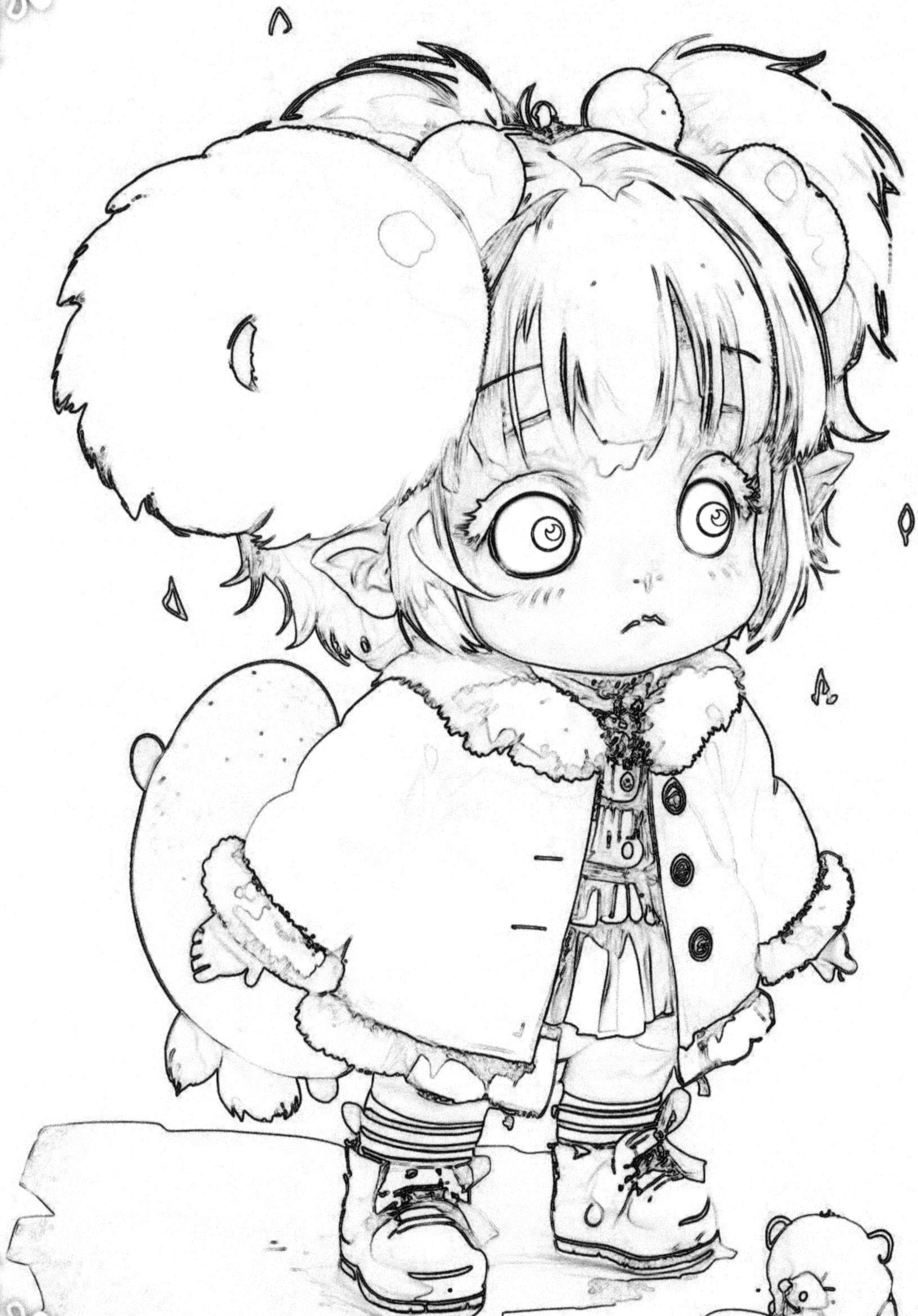

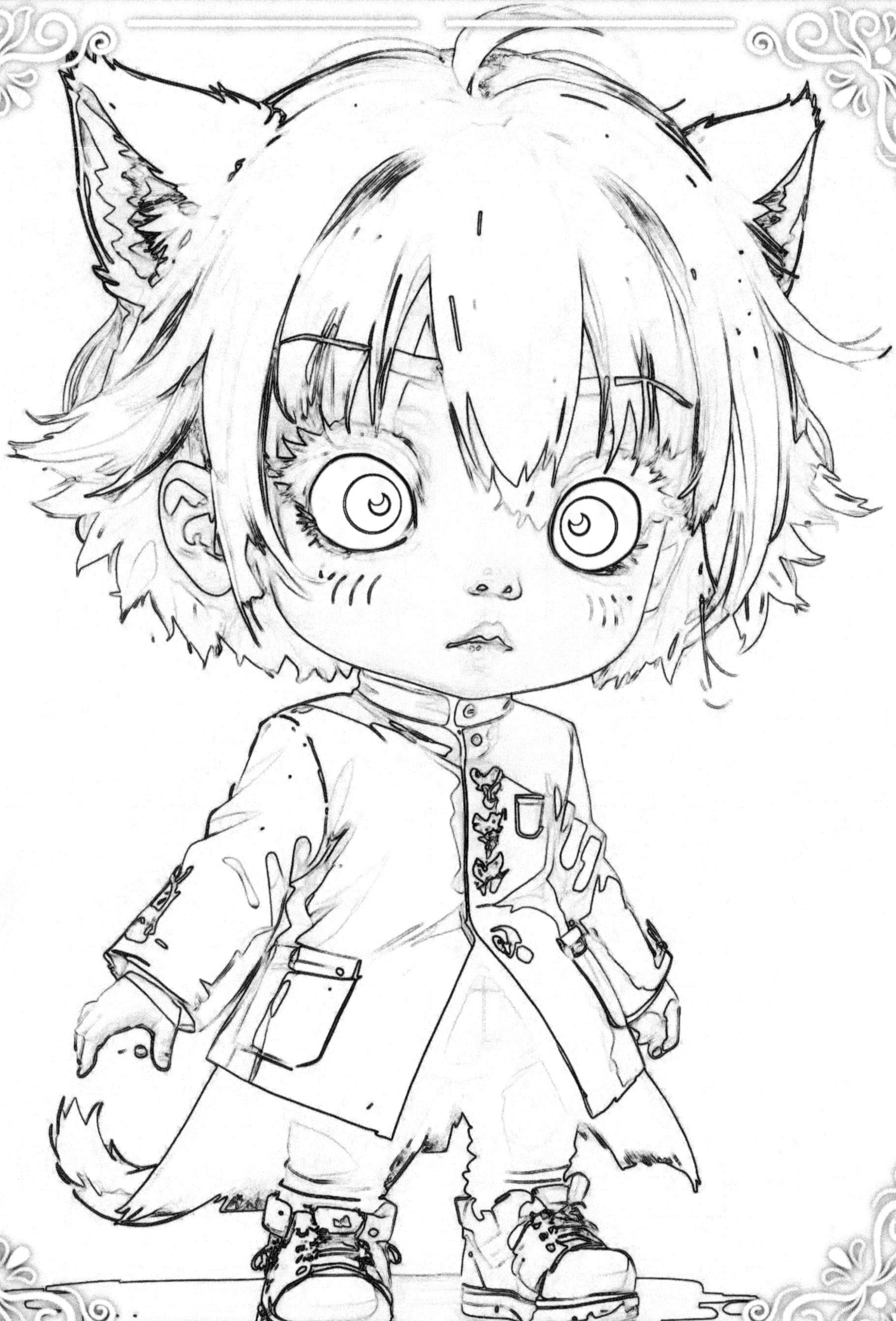

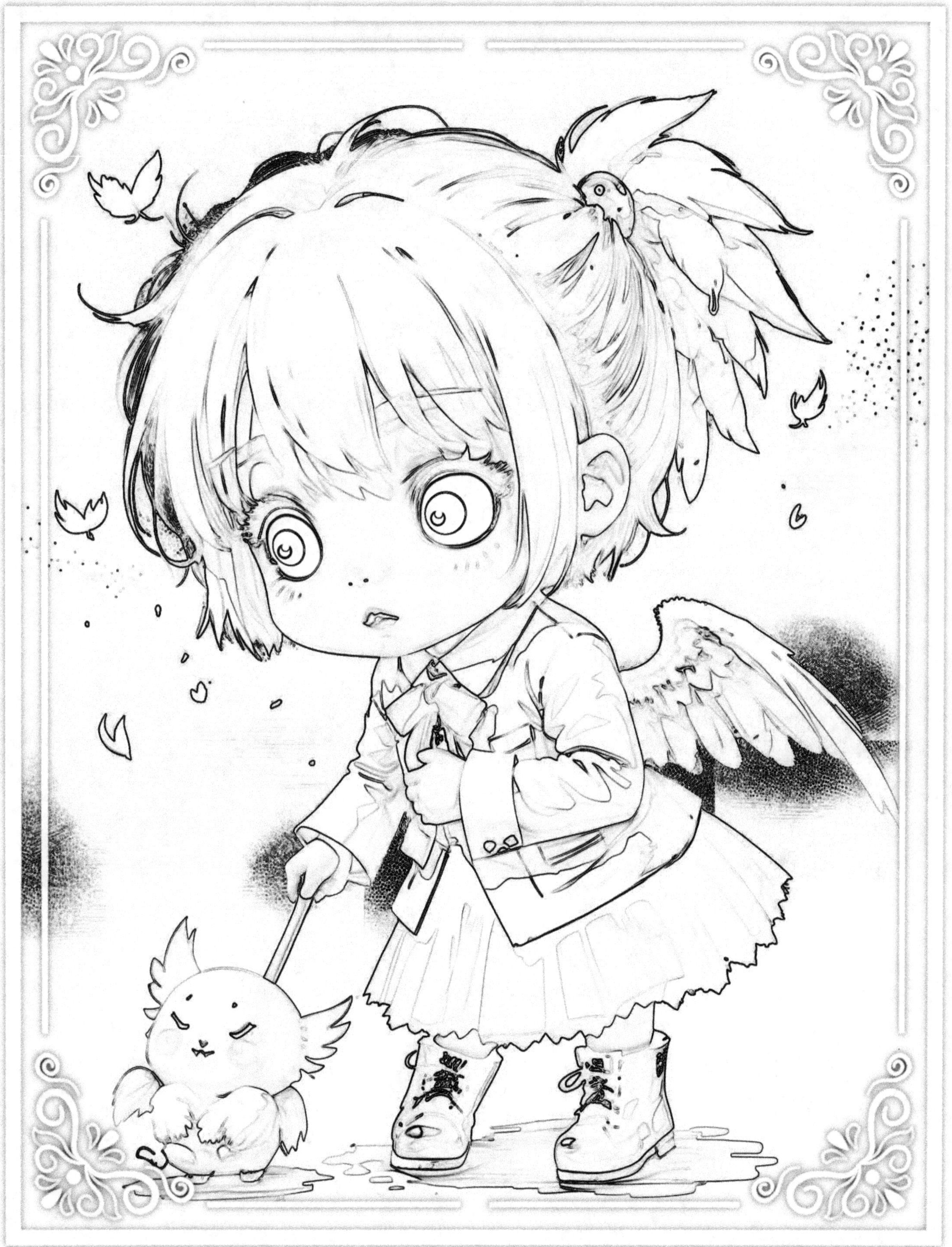

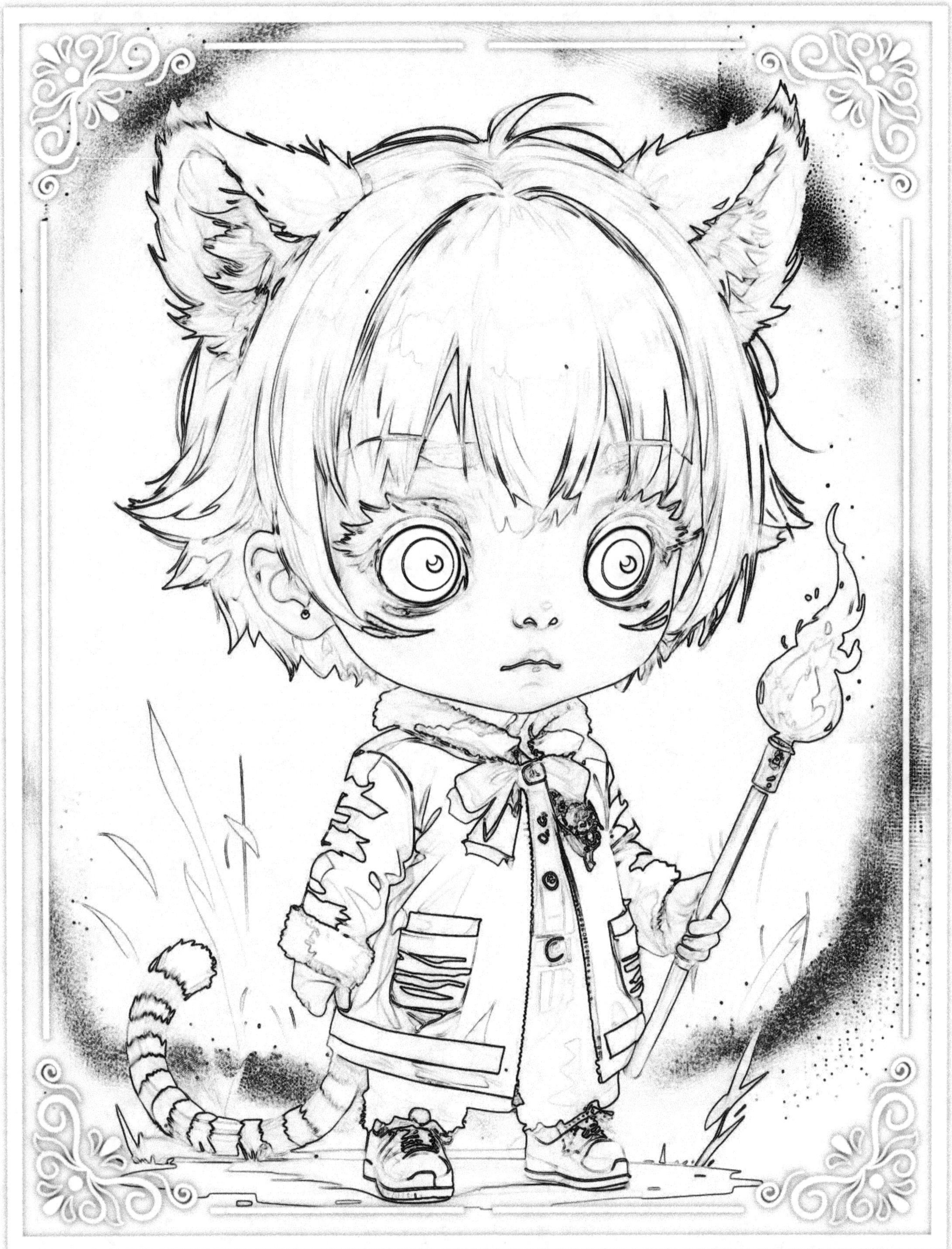

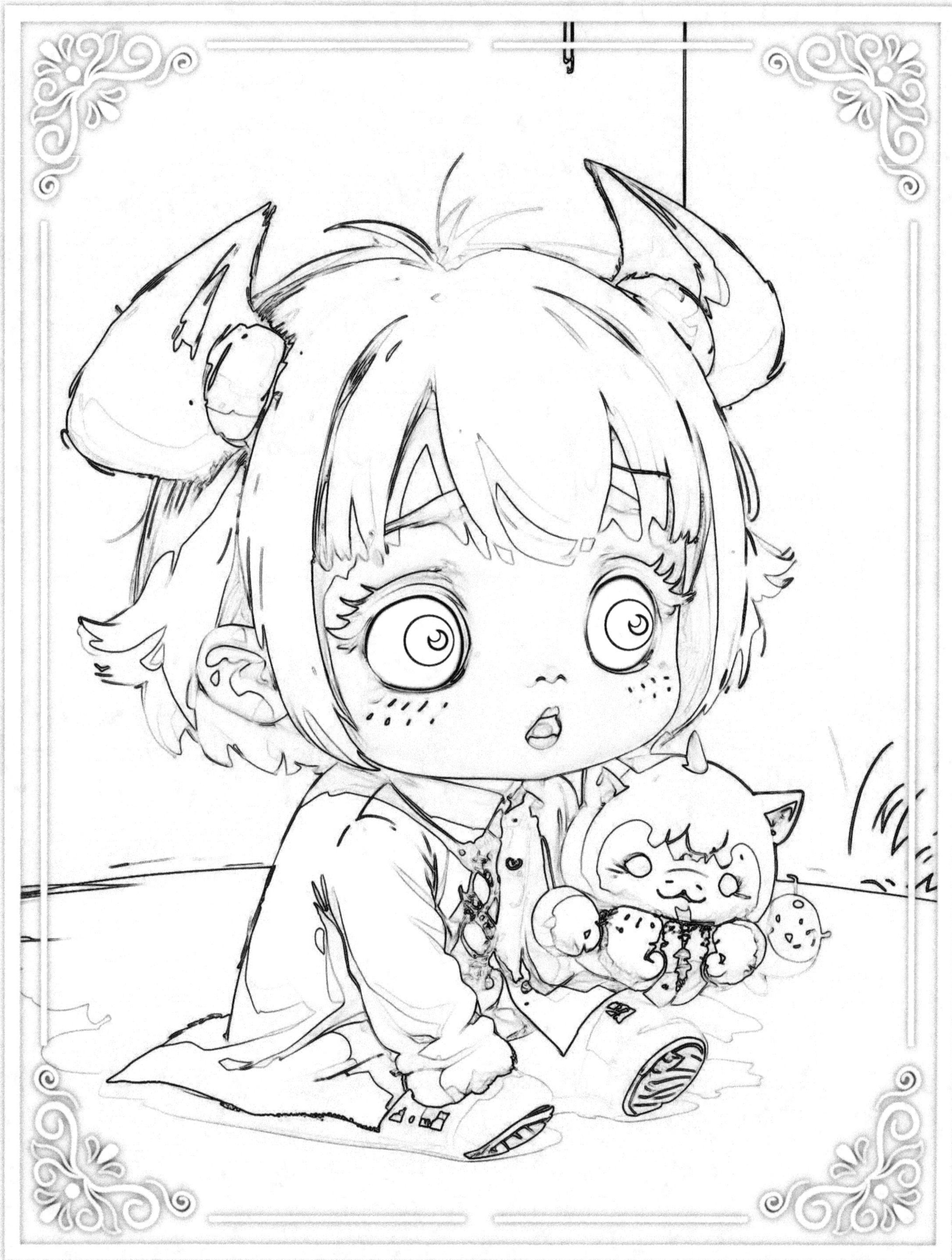

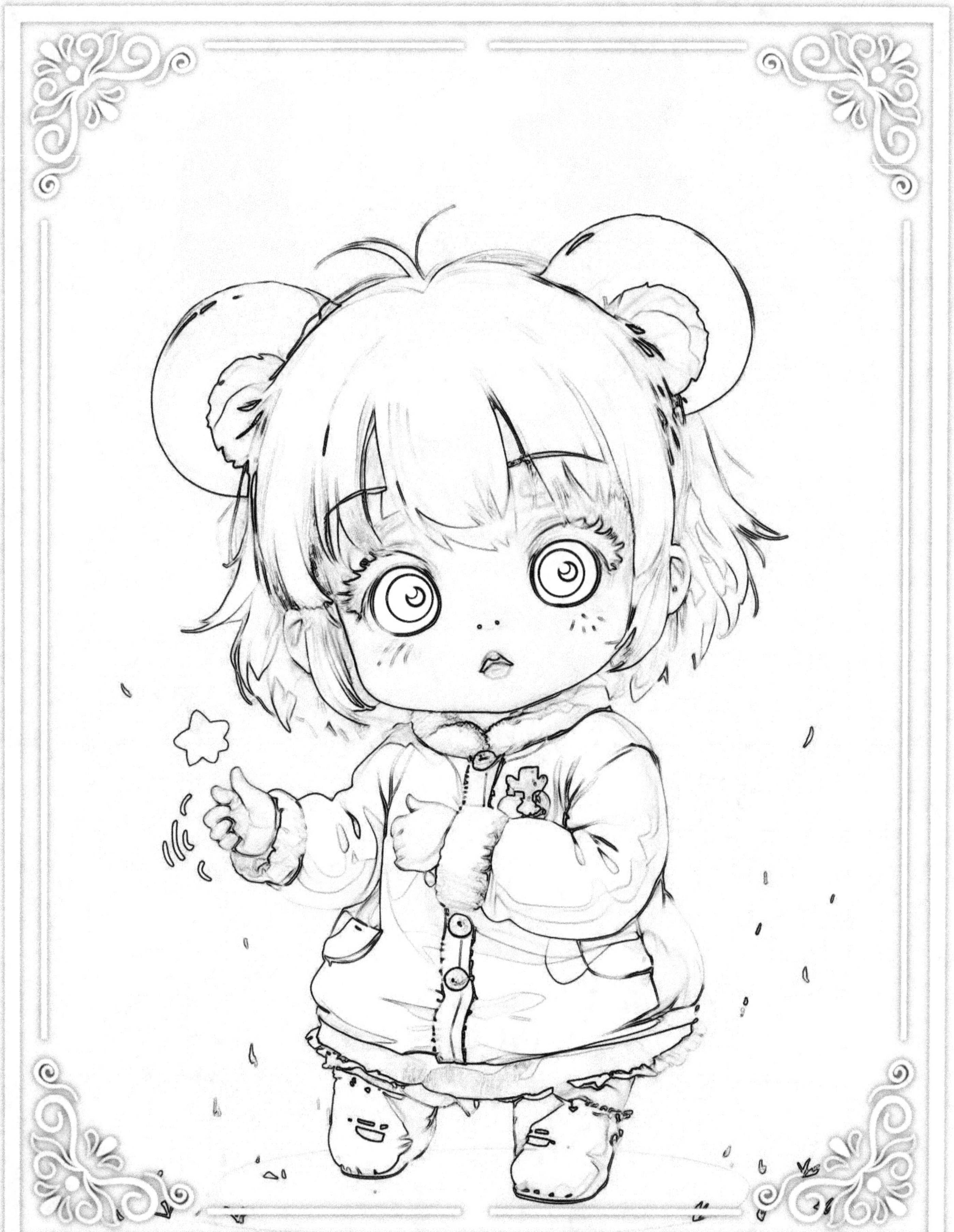

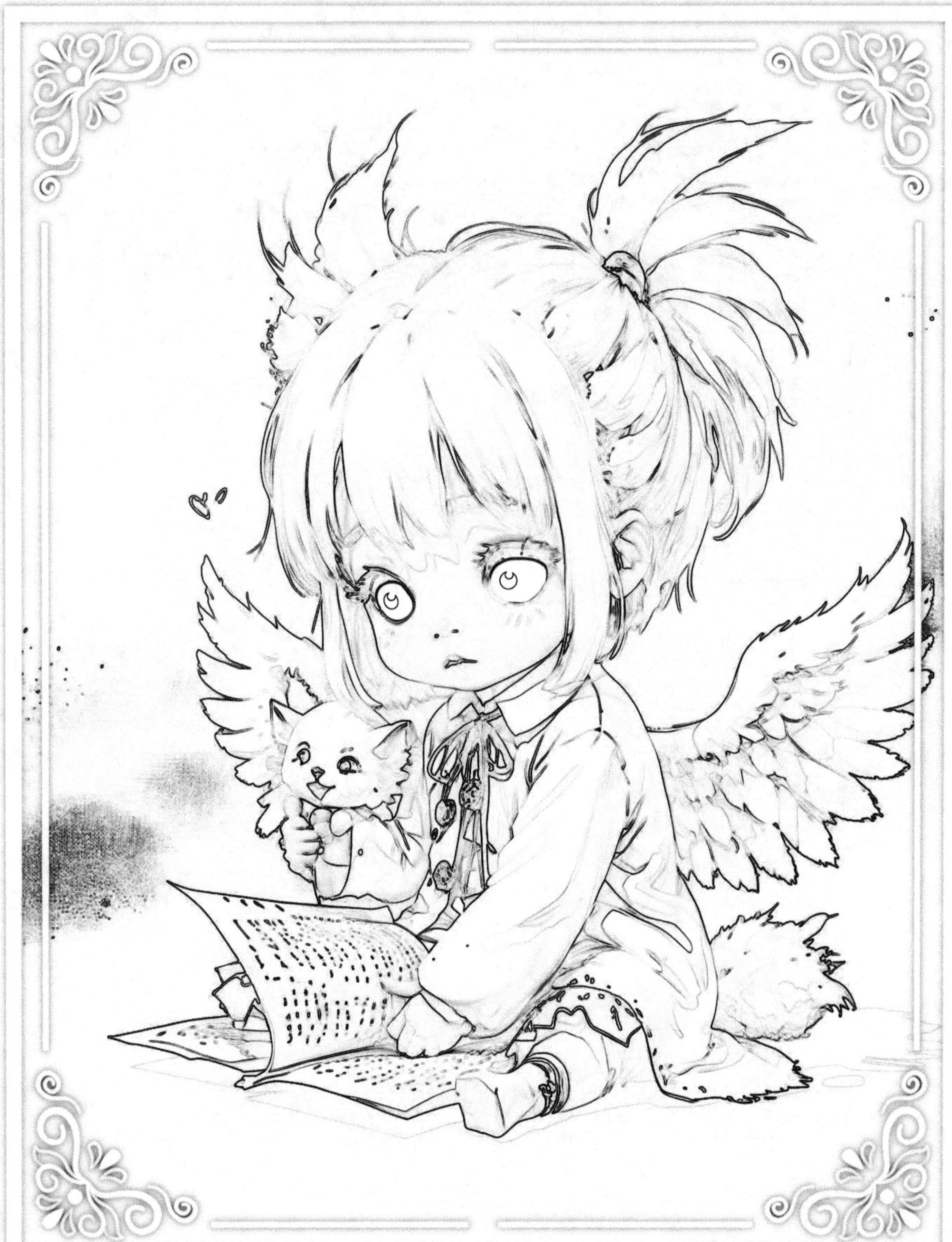

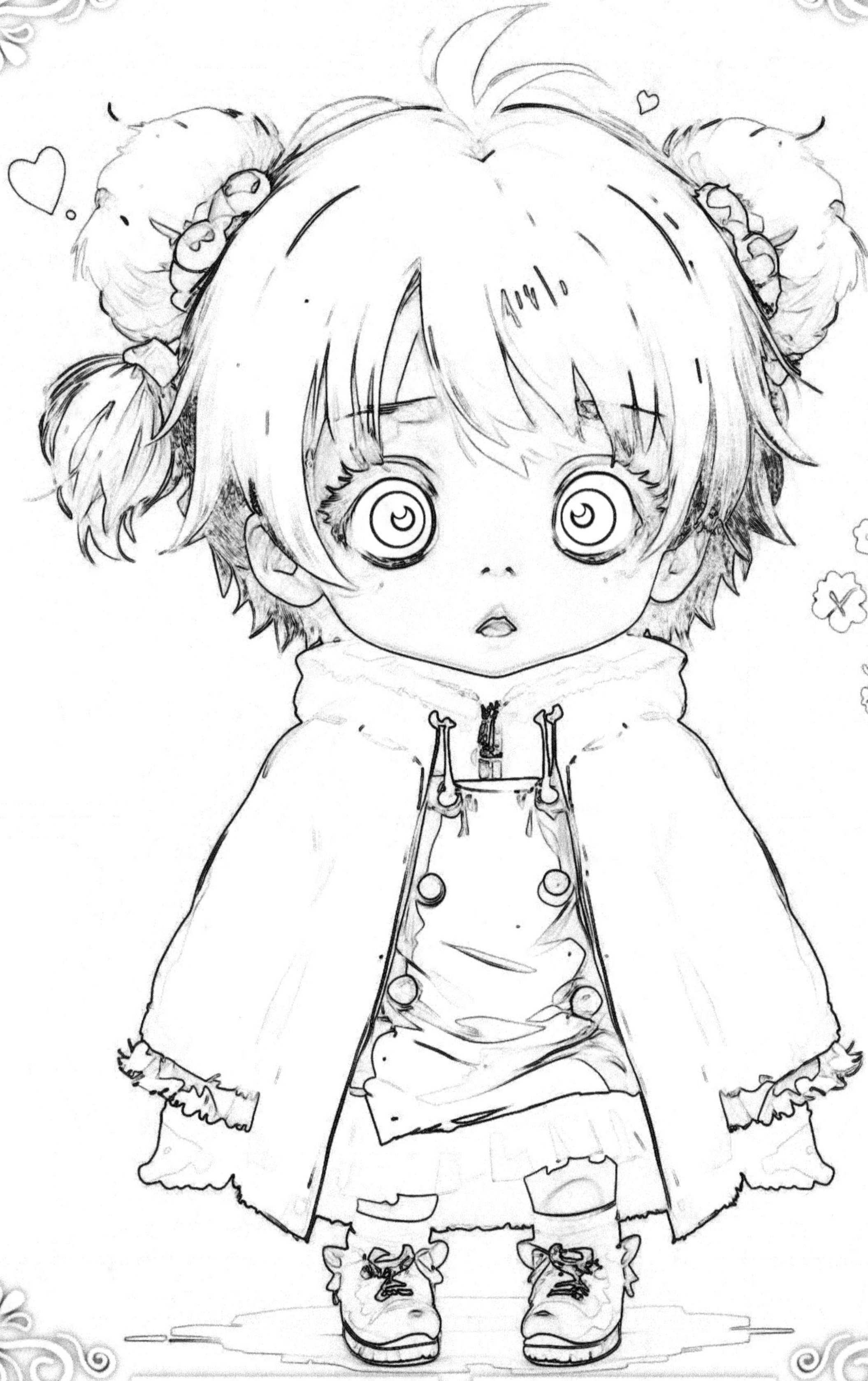

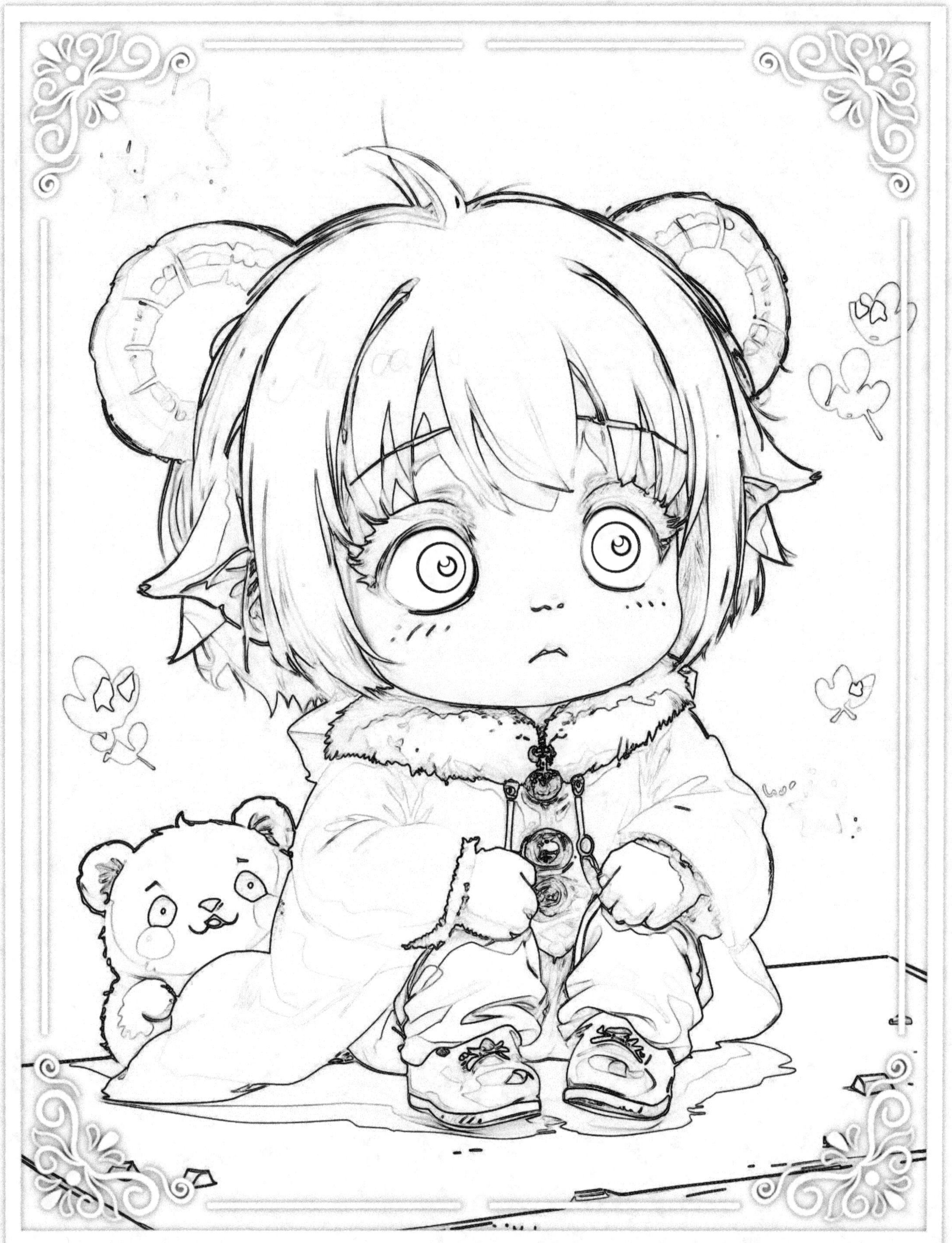

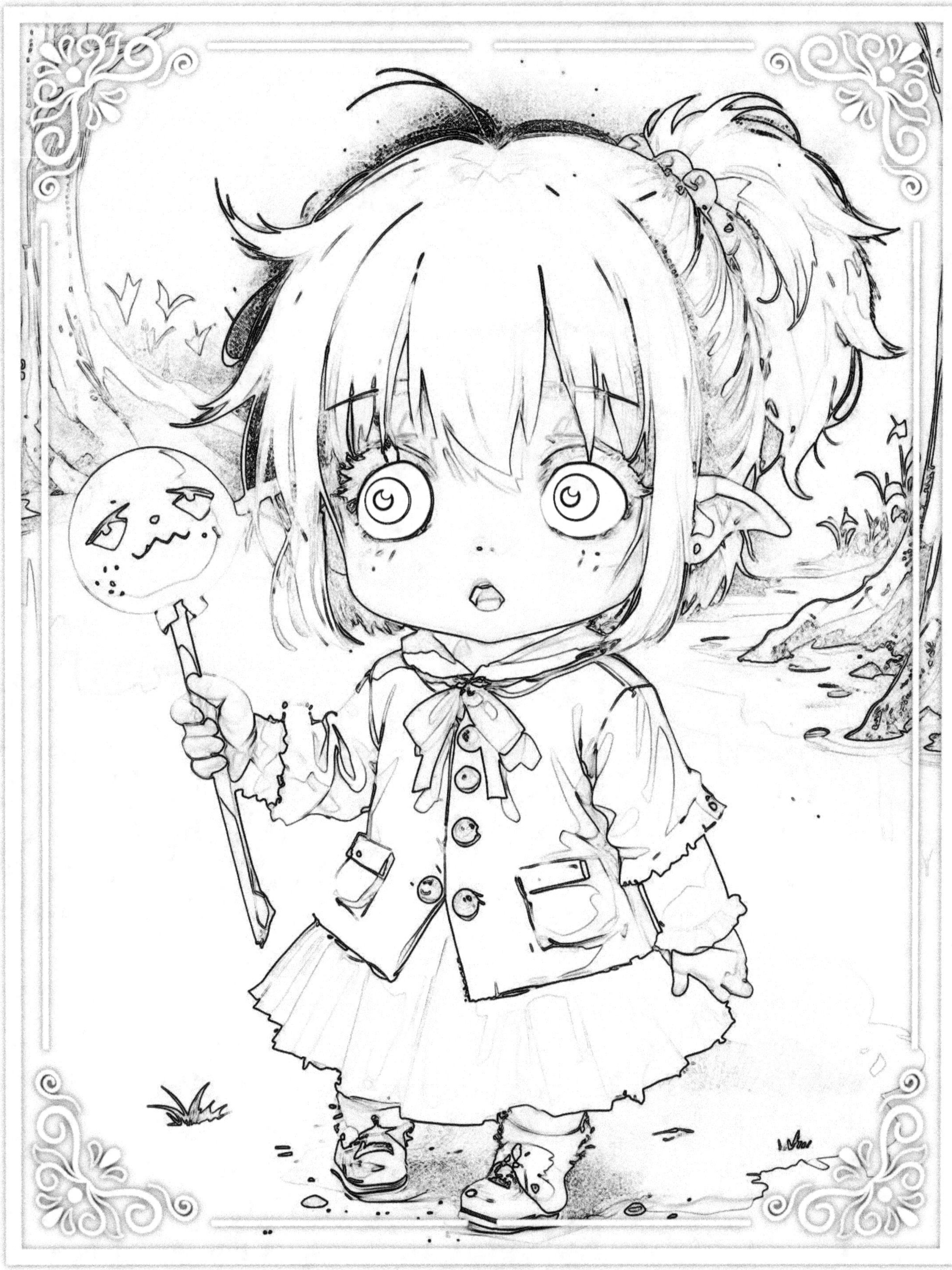

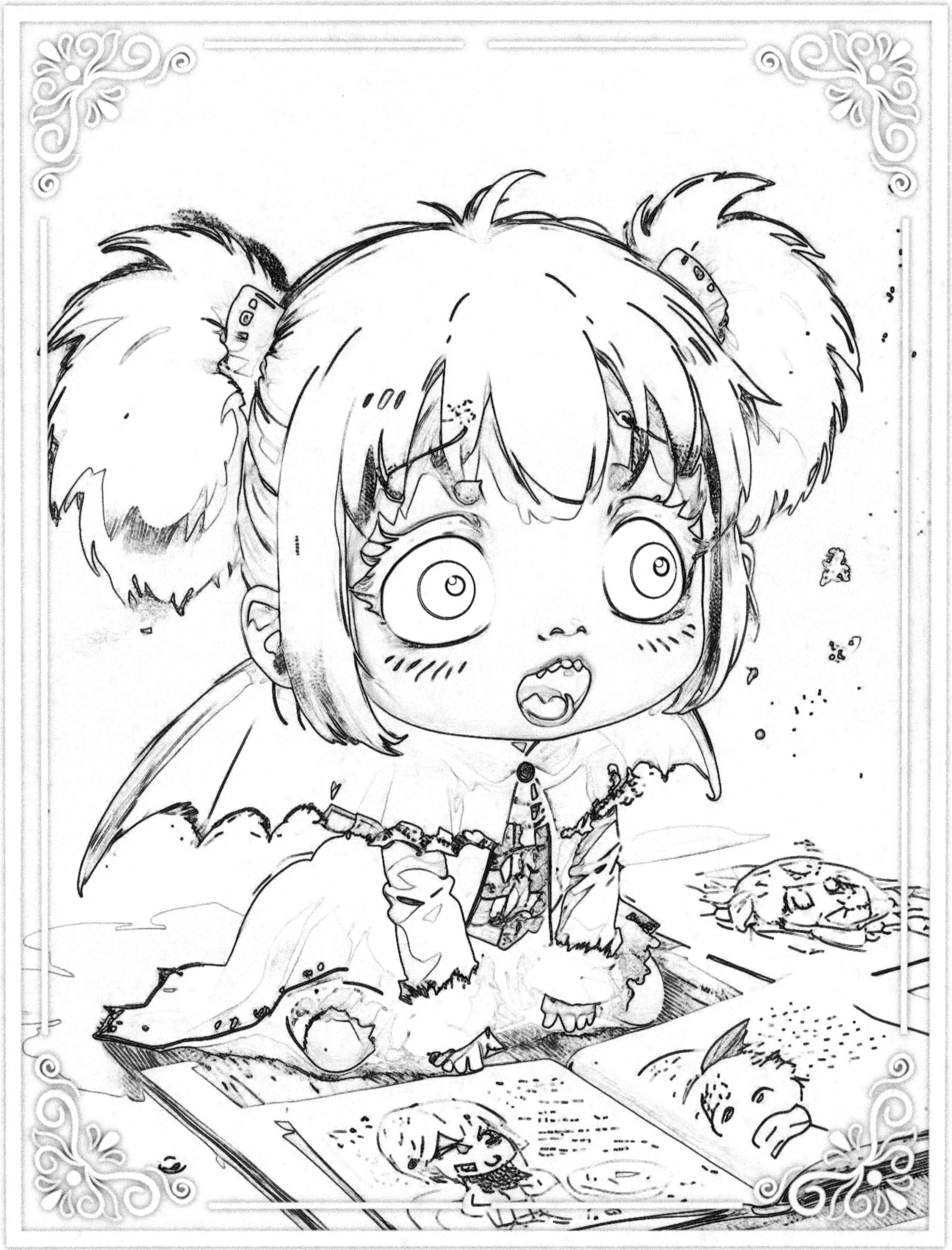

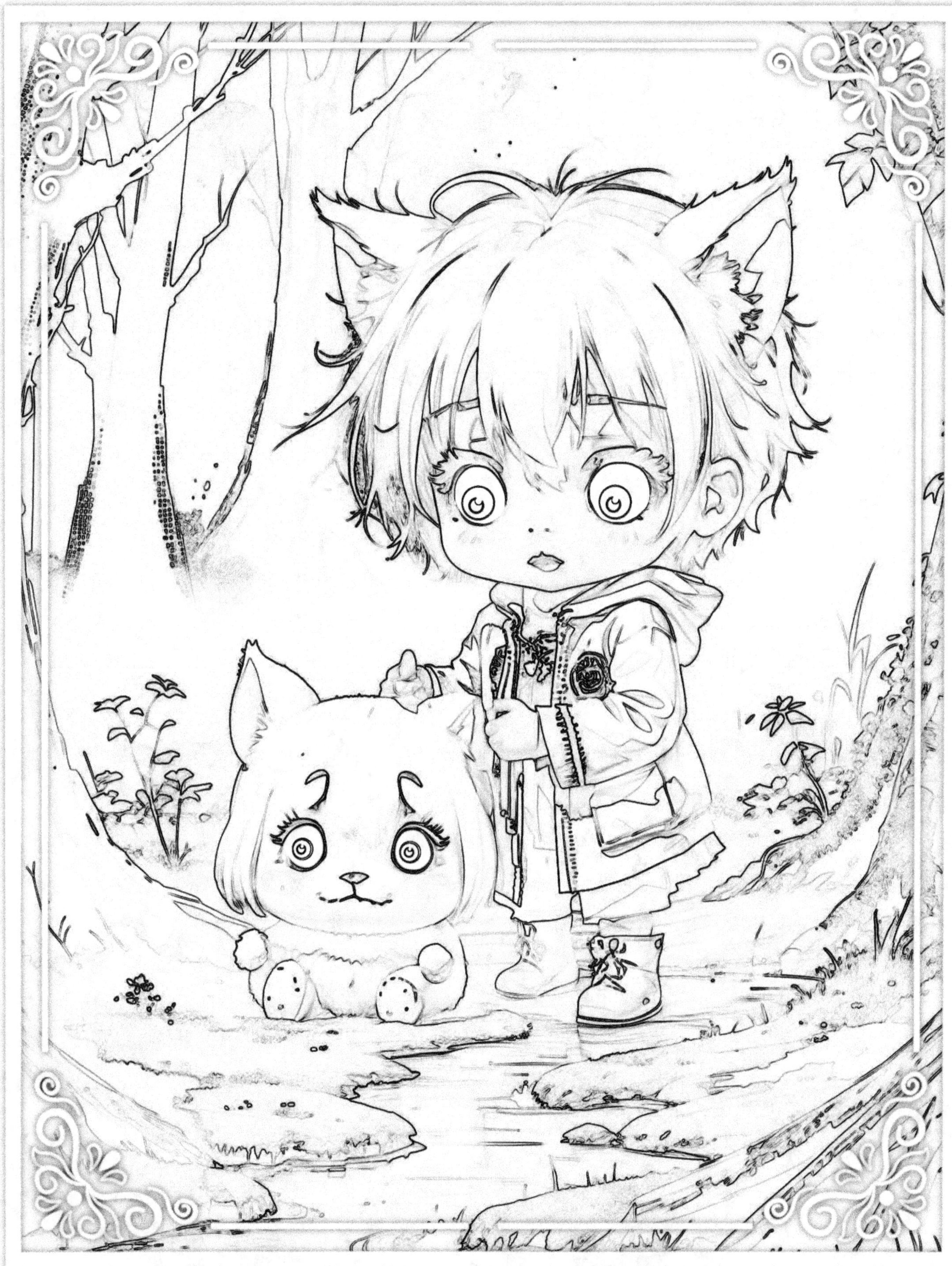

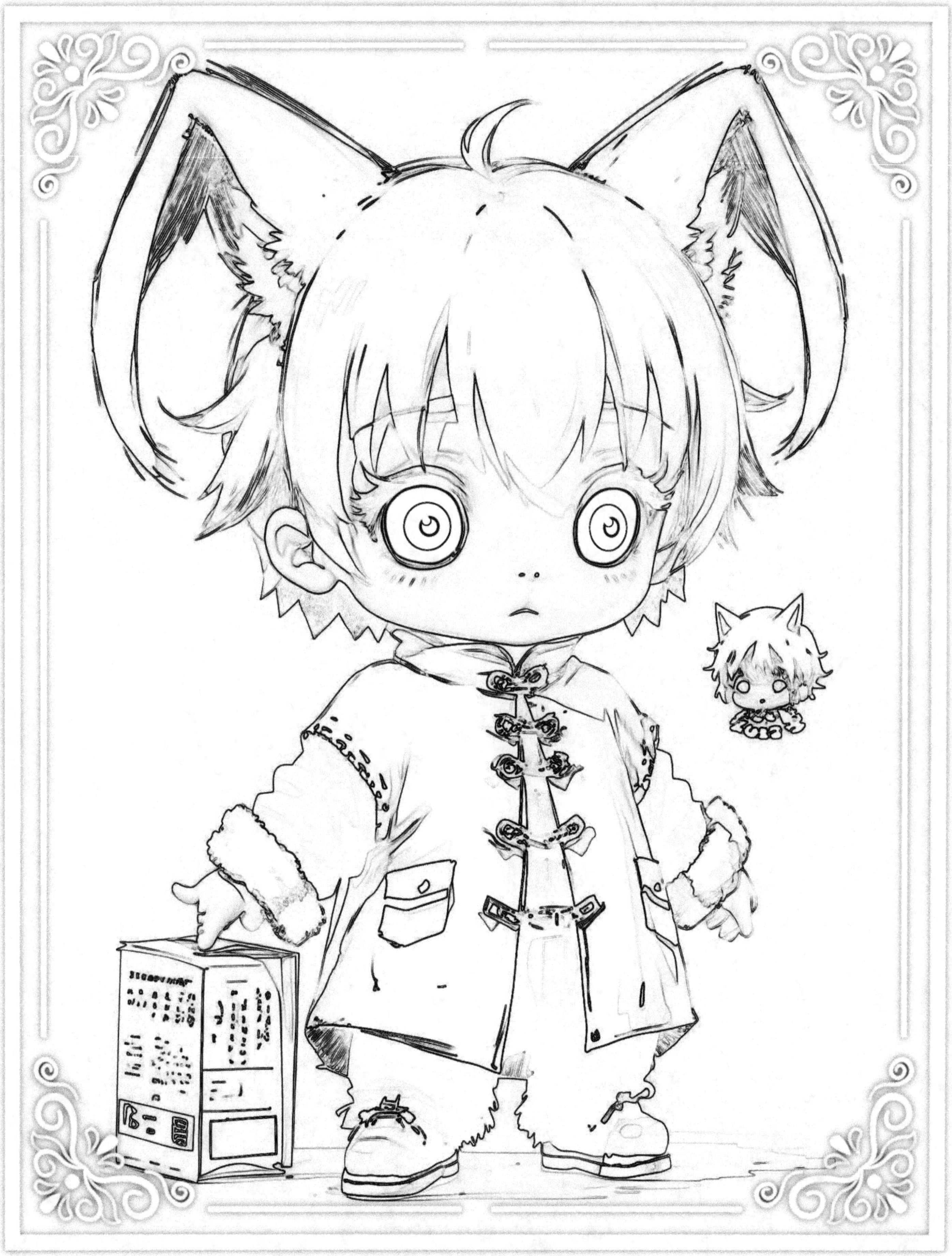

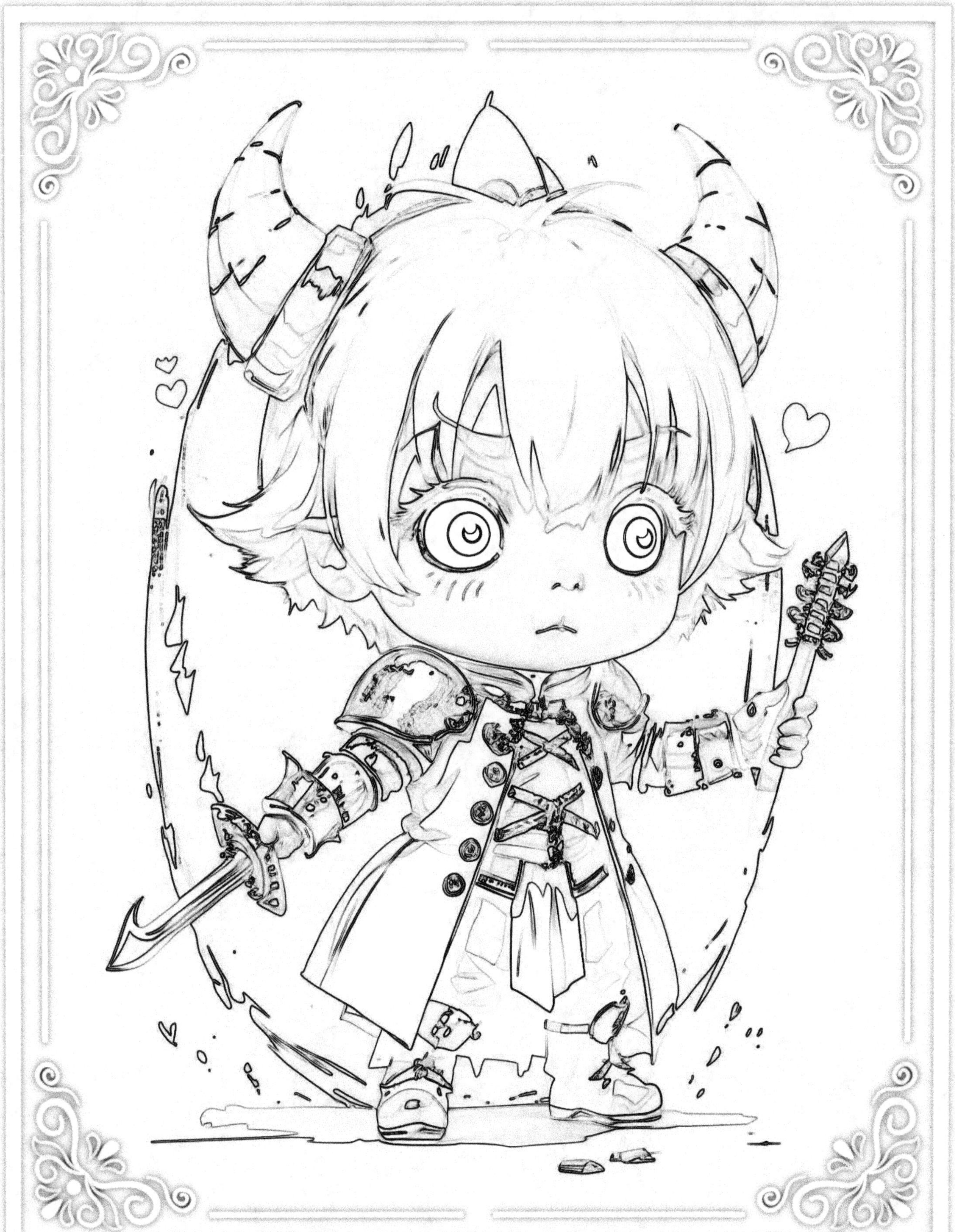

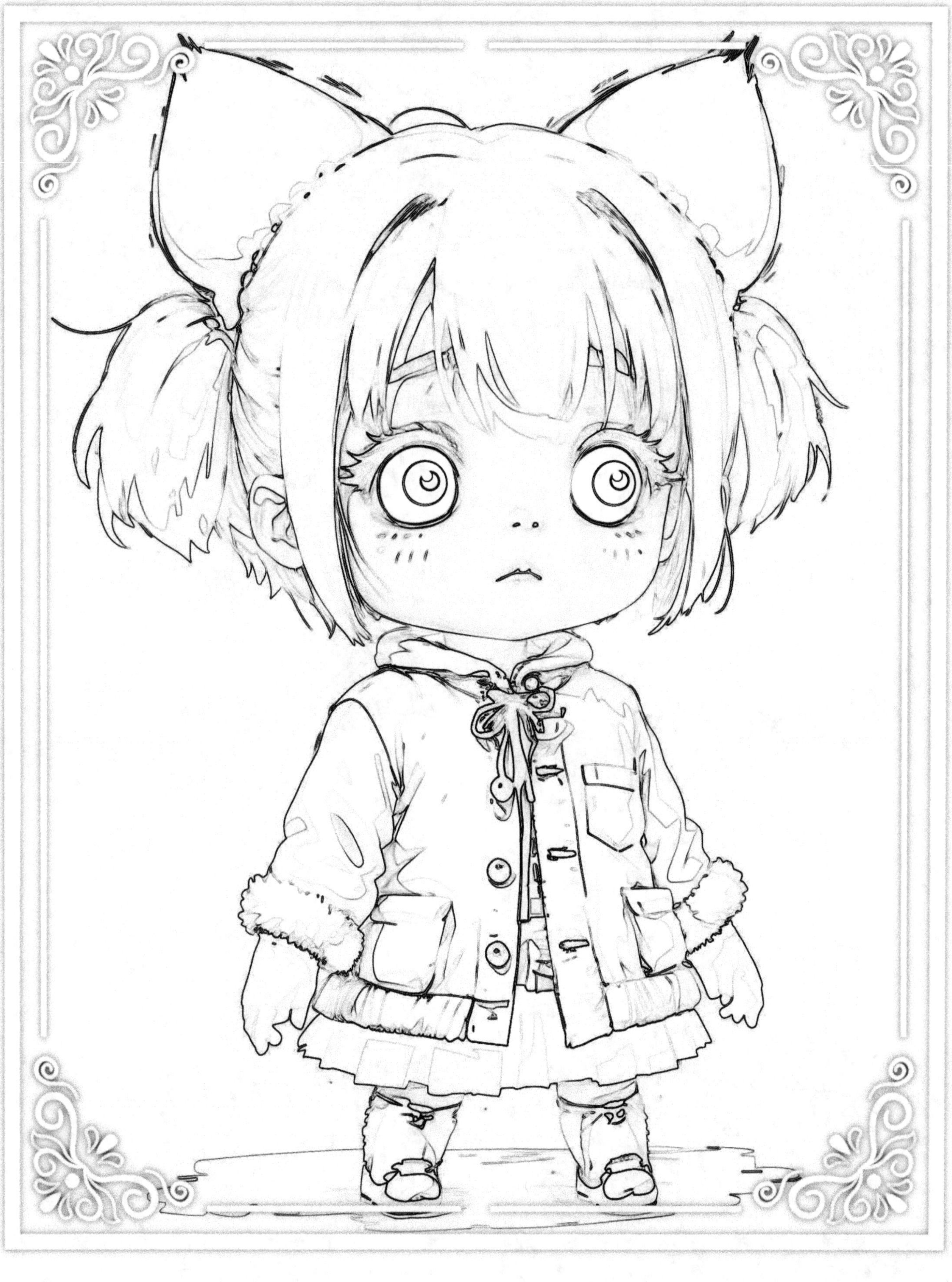

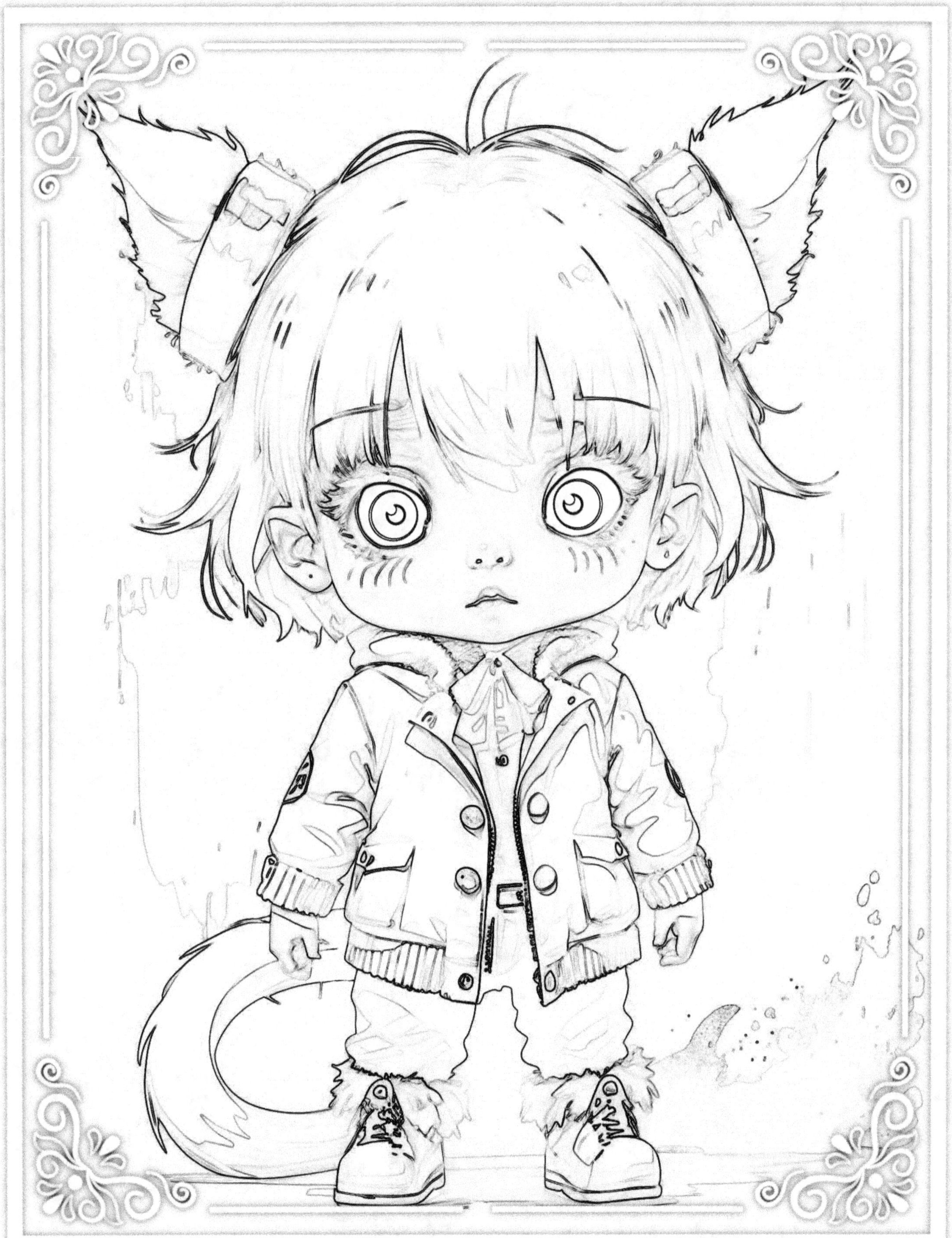

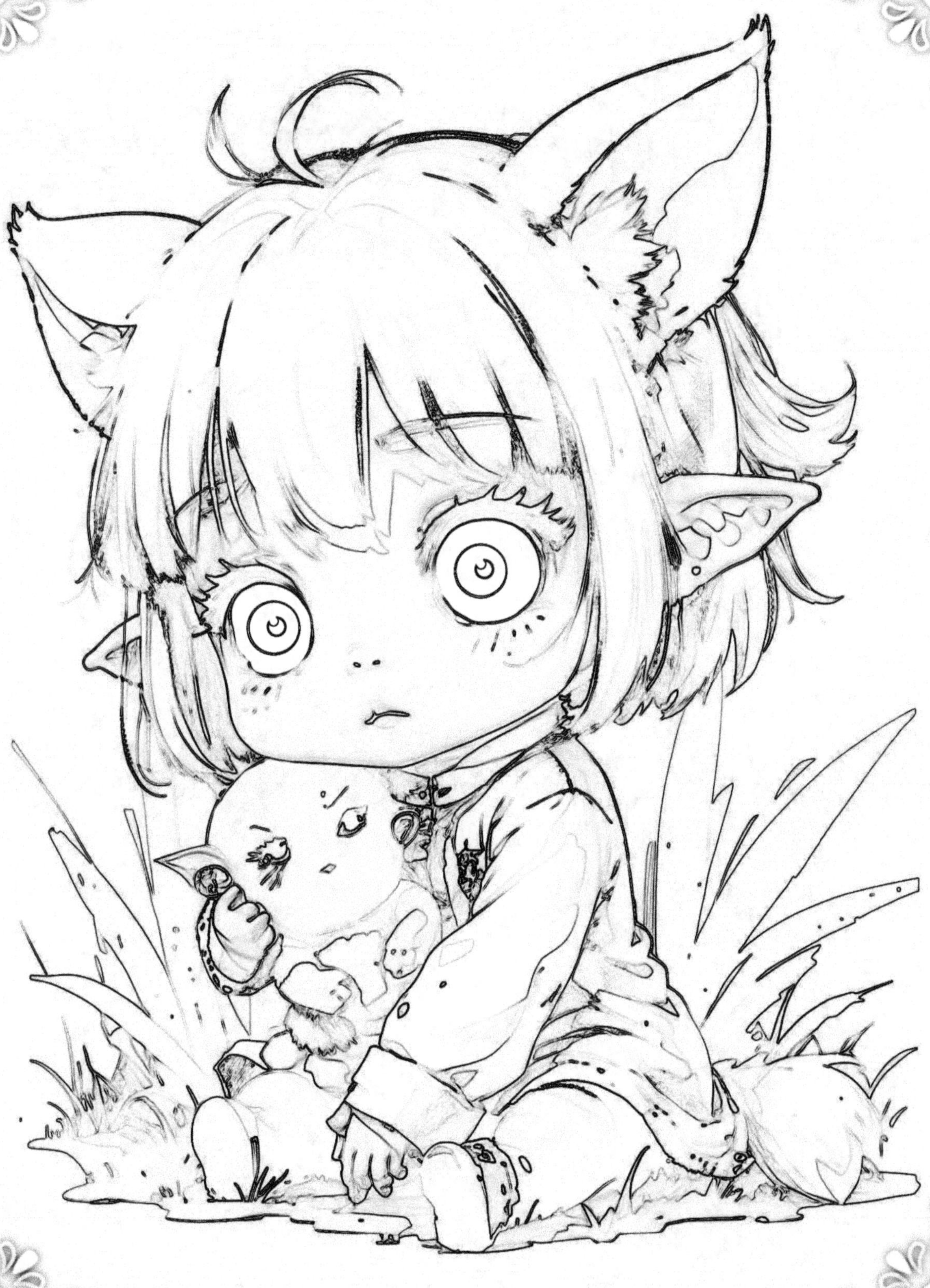

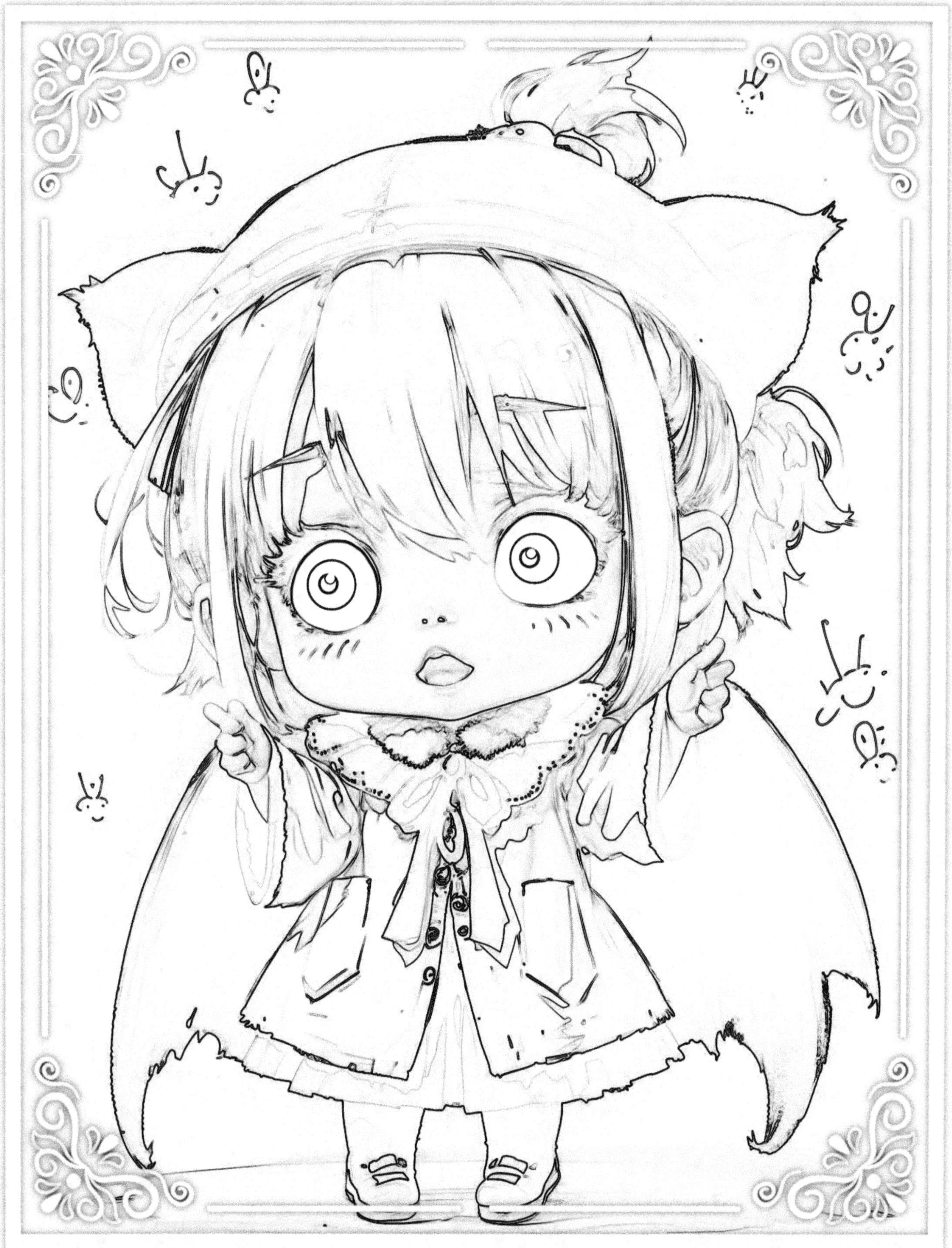

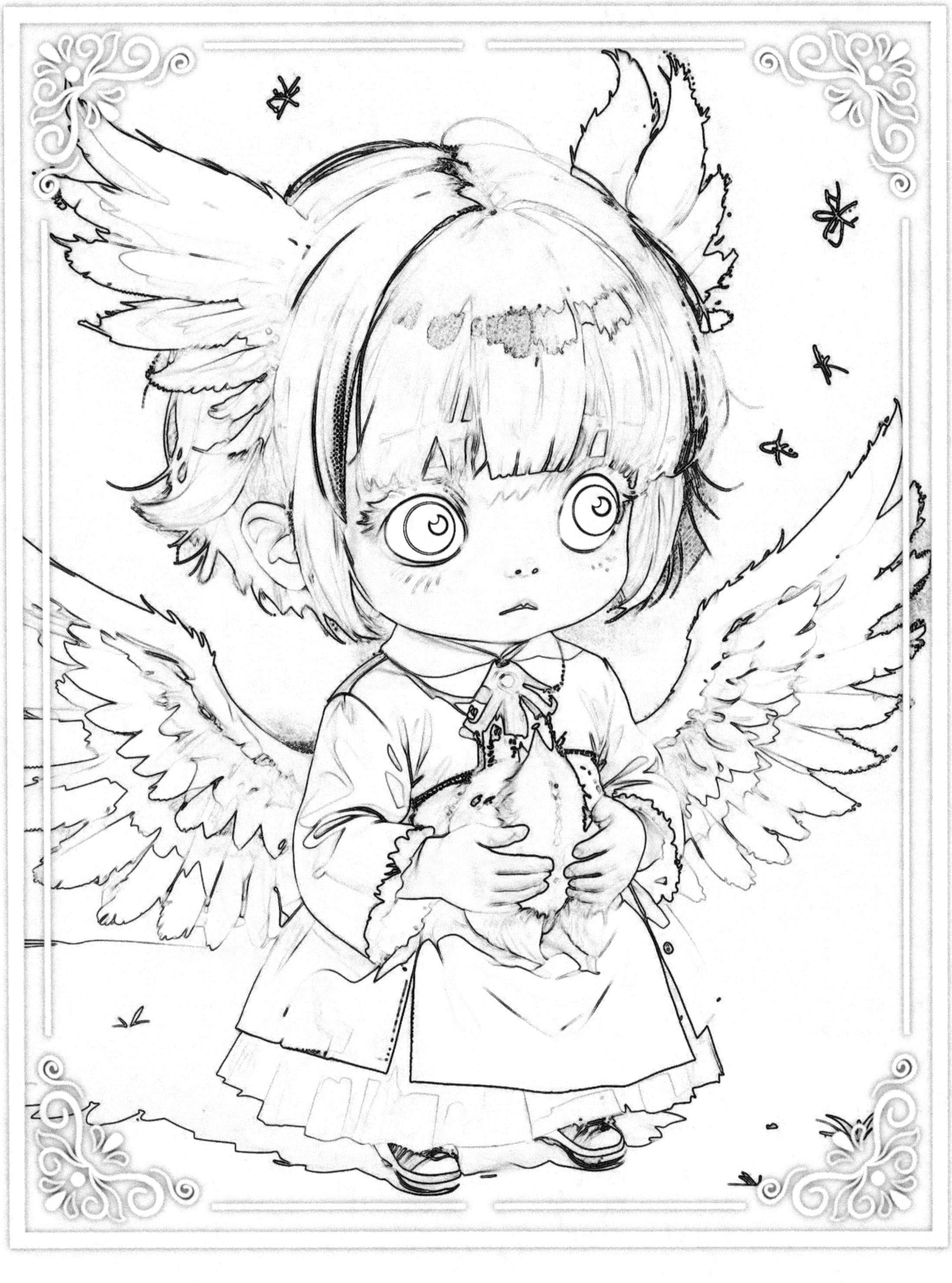

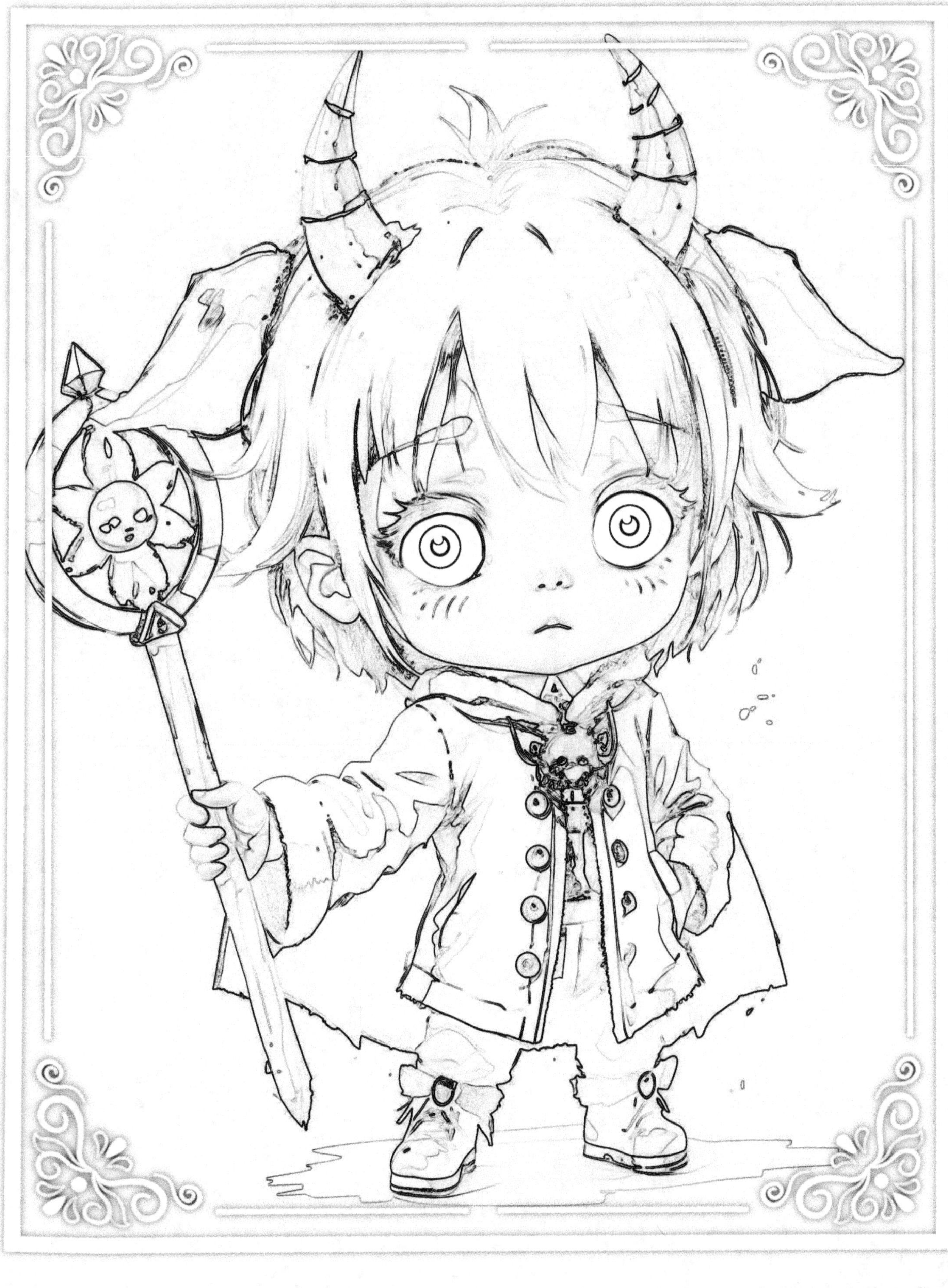

www.ingramcontent.com/pod-product-compliance
Lightning Source LLC
Chambersburg PA
CBHW080608220526
45466CB00010B/3289
* 9 7 9 8 3 9 3 1 6 6 0 7 6 *